Egon Mielenbrink
Es ist ein Ros entsprungen

Egon Mielenbrink

Es ist ein Ros entsprungen

Advents- und Weihnachtslieder neu entdeckt

Mit Illustrationen von
Stefani Kampmann

Verlag Butzon & Bercker Kevelaer

Die Deutsche Bibliothek - CIP-Einheitsaufnahme

Ein Titeldatensatz für diese Publikation ist bei
Der Deutschen Bibliothek erhältlich.

verlags gruppe engagement

Das Gesamtprogramm
von Butzon & Bercker
finden Sie im Internet unter
www.engagementbuch.de

ISBN 3-7666-0428-7

Umschlagillustration: Stefani Kampmann, Hannover
Umschlaggestaltung: Elisabeth von der Heiden, Geldern
Notensatz: Kontrapunkt Satzstudio, Bautzen
Gesamtgestaltung: Kontext – Satz & Layout, Lemsel
Druck und Bindung: Bercker Graphischer Betrieb, Kevelaer

Zum Geleit

Keine andere Zeit des Jahres kennt so viele Bräuche wie der Advent und das Weihnachtsfest. Selbst unsere säkularisierte Welt nimmt wenigstens ahnungsweise noch wahr, was wir an Weihnachten feiern: die Menschwerdung Gottes in Jesus Christus. Diese Glaubensaussage ist im Bewusstsein vieler verschüttet und wird häufig durch Ausschmückung einer Märchenwelt verdeckt. Das gilt in besonderer Weise für die Lieder, die in den Wochen vor dem Fest auf Weihnachtsmärkten, im Fernsehen, in Kaufhäusern und bei anderen vorweihnachtlichen Veranstaltungen erklingen. Die meisten deuten auf eine Traumwelt hin und wecken die Erinnerung an frühe Kindertage. Dem Erwachsenen können sie nichts mehr sagen und künden nicht das Geheimnis, auf das sich Jahr für Jahr viele Menschen vorbereiten.

Die wirklichen Advents- und Weihnachtslieder, die das Kommen Gottes in die Welt künden – damals in Betlehem, aber auch am Ende der Tage –, beschränken sich vorwiegend auf den gottesdienstlichen Raum. Ihre archaische Bildsprache macht es notwendig, dass sie dem heute Lebenden neu erschlossen werden. Dann aber machen sie deutlich, dass sie Menschen in allen Zeiten, auch in unseren Tagen, im Innern ansprechen. Wie die Kunstwerke aus Malerei und Plastik, wie einfache Weihnachtskrippen wollen sie der Verkündigung der uralten Botschaft dienen, dass Gott in unserer Welt und in unserer Zeit Mensch geworden ist. Sie sprechen nicht wie theologische Aussagen in erster Linie den Verstand an, sondern das Gemüt und verbreiten so die Freude, die auch und gerade denen zugesprochen wird, „die in Finsternis sitzen und im Schatten des Todes" (Lk 1,79), den Kranken und Alten, denen, die ein seelisches Leid tragen oder aus der Bahn des Lebens geworfen wurden. Texte und Melodien der adventlichen und weihnachtlichen Lieder wollen auch in unseren Tagen das Herz vieler Menschen treffen, damit sie die Botschaft des Engels erfahren: „Ich verkünde euch eine große Freude. Euch ist der Retter geboren" (vgl. Lk 2,10 f.).

Münster,
am Fest der Verkündigung des Herrn 2002

Egon Mielenbrink

Inhalt

Flehen in dunkler Nacht 9
O Heiland, reiß die Himmel auf

Heil für alle 16
Kündet allen in der Not

Freude, weil er kommt 23
Macht hoch die Tür

Das älteste Adventslied 30
Komm, du Heiland aller Welt

Jubel der Vollendung 37
„Wachet auf", ruft uns die Stimme

Warten auf den Morgen 45
Die Nacht ist vorgedrungen

Die Namen unseres Gottes 53
Herr, send herab uns deinen Sohn

Unterwegs in unserer Welt 61
Es kommt ein Schiff, geladen

Seine Ankunft, unsere Hoffnung 68
Gott, heilger Schöpfer aller Stern

Bitte an die Mutter des Erlösers 74
Maria, Mutter unsres Herrn

Für uns Menschen vom Himmel gekommen 81
Gelobet seist du, Jesu Christ

Blume aus Jesses Wurzel 88
Es ist ein Ros entsprungen

Der Himmel ist nun offen 94
Lobt Gott, ihr Christen alle gleich

Gesang der guten Botschaft 100
Es kam ein Engel hell und klar

Antwort auf die Liebe des Kindes 107
Zu Betlehem geboren

Gebet vor dem Menschgewordenen 115
Ich steh an deiner Krippe hier

Jubel der Weihnacht 122
In dulci jubilo

Freude und Anbetung 128
Nun freut euch, ihr Christen

Oft geschmäht – weltweit verbreitet 135
Stille Nacht! Heilige Nacht!

Quellennachweis 143

Flehen in dunkler Nacht

2. O Gott, ein' Tau vom Himmel gieß,
im Tau herab, o Heiland, fließ.
Ihr Wolken, brecht und regnet aus
den König über Jakobs Haus.

3. O Erd, schlag aus, schlag aus, o Erd,
dass Berg und Tal grün alles werd.
O Erd, herfür dies Blümlein bring,
o Heiland, aus der Erden spring.

4. Wo bleibst du, Trost der ganzen Welt,
darauf sie all ihr Hoffnung stellt?
O komm, ach komm vom höchsten Saal,
komm, tröst uns hier im Jammertal.

5. O klare Sonn, du schöner Stern,
dich wollten wir anschauen gern;
o Sonn, geh auf; ohn deinen Schein
in Finsternis wir alle sein.

→

6. Hier leiden wir die größte Not,
vor Augen steht der ewig Tod.
Ach komm, führ uns mit starker Hand
vom Elend zu dem Vaterland.

T: Friedrich Spee 1622
M: Rheinfelsisches Gesangbuch, Augsburg 1666

Wer in einer Zeit lebt, in der Hunger, Seuchen, Krieg und Terror herrschen, wird manchmal wie gelähmt sein und nicht wissen, wie es weitergehen soll. Vielleicht träumt er von besseren Zeiten und spürt doch, wie lange sie auf sich warten lassen. Diese dunklen Stunden erleben viele auch im persönlichen Bereich, wenn sie an einer schweren, vielleicht unheilbaren Krankheit leiden, wenn sie in tiefe Depressionen fallen oder von einem nahe stehenden Menschen verlassen werden. Oft haben sie den Eindruck, der Boden würde ihnen unter den Füßen weggezogen, alles stürze über ihnen zusammen. Wer hätte nicht schon diese Dunkelheiten im eigenen Leben verspürt! Glücklich ist derjenige, der dann den Trost des Gebets kennt und sich an Gott als letzten Halt wendet.

Der Schreiber des Textes des Adventslieds „O Heiland, reiß die Himmel auf" ist der bekannte Jesuit Friedrich Spee von Langenfeld, der von 1591 bis 1635 lebte und während des Dreißigjährigen Krieges starb. Nicht nur die Kämpfe zwischen den Konfessionen bestimmten sein Leben, sondern auch der Hexenwahn, der in dieser Zeit seinen Höhepunkt erreichte. Schon früh erkannte Spee die Haltlosigkeit der vor allen Dingen gegen Frauen gerichteten Vorwürfe der Hexerei. Einer Reihe von ihnen stand er als Seelsorger zur Seite und begleitete sie zum Scheiterhaufen. In seiner „Cautio criminalis“, einer Schrift, die sich mit der Hexerei befasste, wies er die Vorwürfe zurück und musste deshalb durch seinen Orden selbst disziplinarische Maßnahmen erdulden. Er, der als Adeliger in Kaiserswerth am Niederrhein geboren wurde, pflegte im Krieg Soldaten und betreute sie als Priester. Während er beim Kampf der Kaiserlichen mit den Franzosen in Trier die Verwundeten aus dem Schlachtgetümmel trug und den Sterbenden die Sakramente spendete, zog er sich das Pestfieber zu, an dem er am 7. August 1635 starb. Er wurde in der Krypta der Jesuitenkirche in Trier beigesetzt.

Friedrich Spee war nicht nur ein großer Kämpfer für Gerechtigkeit und stand den im Leben zu kurz Gekommenen bei, er war nicht nur ein begnadeter Seelsorger, der jedem nachging, sondern auch ein feinsinniger Dichter. Ein großer Teil der Lieder ist in einer Sammlung mit dem Titel „Trutz-Nachtigall“ zusammengefasst. Der Text dieses Liedes erschien zum ersten Mal in einem Büchlein mit Weihnachtsliedern 1622 mitten im Dreißigjährigen Krieg anonym in Würzburg. Der Text wurde zunächst auf die damals allgemein bekannte Melodie des Hymnus „Conditor alme siderum“ – „Gott, heilger Schöpfer aller Stern“ gesungen. 1666 erhielt er in dem in Augsburg erschienenen „Rheinfelsischen Gesangbuch“ die heutige Vertonung, die in besonderer Weise dem ernsten, aber doch so hoffnungsvollen Text Spees entspricht. Sie ist

Ausdruck einer flehentlichen Bitte, Gott möge sich seines Volkes erbarmen. Johannes Brahms hat 1877 eine Choralmotette geschaffen, der er eine weitere Strophe anfügte. Bernhard Bergmann bezeichnet diesen Gesang – und das gilt wohl für den Text ebenso wie für die Melodie – als „Perle und Krone im Kranz unserer deutschen Adventslieder". Die Melodie in der dorischen Tonart lässt die Ungeduld und Sehnsucht des Menschen erkennen, aber auch die Gewissheit auf Erfüllung, die Ausdruck der adventlichen Hoffnung ist.

Wer so betet und singt, wie es der Text dieses Liedes ausdrückt, muss in einer großen Bedrängnis stehen. Sicher ist der Hintergrund der schreckliche Krieg zwischen den Völkern Europas, der ganz Deutschland ins Elend gestürzt hat. Doch auch die innere Not, Armseligkeit und eigene Schuld finden in diesen Worten ihren Ausdruck. Mit dem Propheten bittet der Beter um Erlösung. Mit den gleichen Worten, die das Volk des ersten Bundes in seiner Bedrängnis gerufen hat, beten der Einzelne und die Christenheit auch heute. Der Himmel soll Erbarmen haben mit allen Geschundenen und die Vollendung schaffen.

Der Text, der in den ersten Strophen zitiert wird, stammt aus einer Zeit, als Israel nach Babylon verschleppt war und ein uns unbekannter Prophet, dessen Schriften man später dem Jesaja-Buch einfügte, seinem Volk das Heil zusagte: „Tauet, ihr Himmel, von oben, ihr Wolken, lasst Gerechtigkeit regnen! Die Erde tue sich auf und bringe das Heil hervor, sie lasse

Gerechtigkeit sprießen" (Jes 45,8). Uralte Bilder vom alles belebenden Regen und von sprießenden Saaten kennzeichnen das erwartete Wirken Gottes an seinen Geschöpfen. Immer dringlicher wird das Rufen des Volkes nach dem Trost, auf den sich die Hoffnung richtet. Dem „Jammertal", das die Welt auch unserer Tage trotz allen Fortschritts für ganze Völker und für den Einzelnen bleibt, wird das Bild vom „höchsten Saal" gegenübergestellt, in dem der Erlöser, der flehentlich angerufen wird, weilt: „O komm, ach komm!" Wie groß muss die Not sein, wie stark aber doch auch die Hoffnung auf den, der allein die Wende bringt!

In einem weiteren Bild wird der Kommende als Sonne und Stern bezeichnet. In dunkler Nacht lebt die Sehnsucht nach Licht und Wärme. In einer Zeit des Jahres, in der heute auf unseren Straßen unendlich viele Lichter brennen, spüren die Leidenden und Ausgestoßenen ihre innere Dunkelheit und Kälte besonders stark. Ihnen soll das geschenkt werden, von dem das „Benedictus", der Gesang des Zacharias, spricht, dass kommen wird „das aufstrahlende Licht aus der Höhe, um allen zu leuchten, die in Finsternis sitzen und im Schatten des Todes" (Lk 1,78 f.). Noch einmal stellt der Dichter Gott die „größte Not“ vor Augen, die letztlich darin liegt, dass der Mensch sein endgültiges Verderben, den „ewig Tod“, befürchtet. Die Heilsangst belastete den Menschen vergangener Zeiten viel stärker als den heutigen. Wenn Gott ihn den Weg durch das Leben führt und seine Hand schützend auf ihn legt, erreicht er das „Vaterland“, wo das „Elend“, die äußere Not und die Gottesferne, für immer beendet sein wird.

Johannes Brahms hat seiner Motette noch eine weitere Strophe angefügt, die wie ein flehender Klagepsalm übergeht in Erfüllung und Freude:

> Da wollen wir alle danken dir,
> unserm Erlöser für und für,
> da wollen wir alle loben dich,
> je allzeit immer und ewiglich. Amen.

Es ist, als sei die gesamte Menschheit schon jetzt am Ziel angelangt. Das wird besonders deutlich, wenn das jubilierende „Amen“ erklingt. Hier wird schon ein Blick gewagt in das „Vaterland“ aus der Perspektive dessen, der an das ewige Geheimnis der Erlösung glaubt. Gerade in diesem Lied wird der große Bogen von der Erwartung des Messias bis hin zu seiner Ankunft am Ende der Tage geschlagen. Es ist damit im besten Sinne des Worts ein Adventslied.

Auch fast 400 Jahre nachdem Friedrich Spee dieses Lied geschrieben hat, verliert es nichts von seiner Aktualität und seiner Innigkeit. Wie manchem scheint heute doch der Himmel verschlossen! Oft weiß er nicht mehr ein und aus und kennt niemanden, zu dem er mit seiner Not kommen kann, keinen Menschen und keinen Gott. Was für Spee und seine Zeit noch selbstverständlich war, dass Gott, wenn er sich auch verborgen hat, lebt, dieses Bewusstsein ist heute weitgehend abhanden gekommen. Den verschlossenen Himmel kann der Mensch selbst nicht öffnen. Wie damals, als der Messias in die Welt trat, muss Gott handeln. So wirkt er wie Tau und Regen, der das Verdorrte und Verhärtete belebt, der seinen Sohn in der Fülle der Zeit wie eine Blume hervorsprießen ließ, der auch heute in die Herzen seinen Samen legen kann, damit er sich entfalte, blühe und Frucht bringe. In der Finsternis leuchtet Gott mit seinem Licht. Noch ist die Not da, vielfältige Ängste suchen uns heim. Ein Funke Hoffnung jedoch kann alles verändern und von der Heimat sprechen, deren Bild wohl ein jeder in seinem Innern trägt.

Die Menschen zur Zeit der Abfassung dieses Liedes wurden nicht nur durch einen schrecklichen, nicht enden wollenden Krieg mit seinen Folgen bedroht, Hexenwahn, Inquisition und Glaubenskämpfe stellten sie vor einen Abgrund. Auch heute führen Krankheiten, Kriege, Terroranschläge, aber ebenso Vereinsamung und Lebensüberdruss immer wieder in Sinnkrisen. Wer glaubt oder zumindest erahnt, dass hinter allem Gottes Erbarmen steht, der seinen Sohn in die Welt sandte, die er einmal vollenden wird, kann trotz aller Anfechtung aus einer adventlichen Hoffnung leben.

Heil für alle

2. Gott naht sich mit neuer Huld,
dass wir uns zu ihm bekehren;
er will lösen unsre Schuld,
ewig soll der Friede währen.

3. Aus Gestein und Wüstensand
werden frische Wasser fließen;
Quellen tränken dürres Land,
überreich die Saaten sprießen.

4. Blinde schaun zum Licht empor,
Stumme werden Hymnen singen,
Tauben öffnet sich das Ohr,
wie ein Hirsch die Lahmen springen.

5. Gott wird wenden Not und Leid.
Er wird die Getreuen trösten,
und zum Mahl der Seligkeit
ziehen die vom Herrn Erlösten.

T: Friedrich Dörr 1972
M: Halle 1704

Viele der adventlichen Lieder, die im gottesdienstlichen Raum gesungen werden, sind sehr alt. Oft sind sie aus der Situation der damaligen Zeit geschrieben. Doch finden sich in einigen Büchern auch solche Lieder, die während des letzten Krieges oder in der Zeit danach entstanden sind. Zu ihnen zählt der Gesang, dessen bewegenden Text der evangelische Christ Jochen Klepper 1938, als die Nationalsozialisten bereits fünf Jahre an der Regierung waren, geschrieben hat. Ganz anders ist das frohe und beschwingte „Wir sagen euch an den lieben Advent", das sich besonders gut für das Singen im Kreis der Familie, aber auch für Gottesdienste mit Gruppen, nicht nur mit Kindern, eignet.

Zu den neueren Gesängen für die Adventszeit zählt das Lied „Kündet allen in der Not", dessen Melodie bereits im Jahr 1704 in Halle an der Saale bekannt ist und auf den Text des Morgenlieds „Morgenglanz der Ewigkeit" gesungen wird, dessen erste Strophe aus dem 17. Jahrhundert stammt. Die weiteren Strophen sind nicht in das katholische Gebet- und Gesangbuch „Gotteslob" aufgenommen worden. An ihre Stelle ist eine Neudichtung von Maria-Luise Thurmair aus dem Jahr 1969 getreten, die zahlreiche Texte des Gesangsteils geschrieben hat. Die vierte Strophe spricht wie die ursprünglichen von der Wiederkunft des Herrn am Ende der Zeit.

Im Gegensatz zu den ernsten Melodien mancher Adventslieder wie „O Heiland, reiß die Himmel auf", „Aus hartem Weh die Menschheit klagt" oder auch des neueren „Die Nacht ist vorgedrungen" kündet die Melodie dieses Liedes von der Freude, die das Nahen Gottes der Welt bringt.

Der Text nimmt die Worte des Propheten Jesaja auf, die in der Liturgie des Advents verkündet werden: „Habt Mut, fürchtet euch nicht! Seht, hier ist euer Gott! Die Rache Gottes wird kommen und seine Vergeltung; er selbst wird kommen und euch erretten. Dann werden die Augen der Blinden geöffnet, auch die Ohren der Tauben sind wieder offen. Dann springt der Lahme wie ein Hirsch, die Zunge des Stummen jauchzt auf. In der Wüste brechen Quellen hervor und Bäche fließen in der Steppe. Der glühende Sand wird zum Teich und das durstige Land zu sprudelnden Quellen. Die vom Herrn Befreiten kehren zurück und kommen voll Jubel nach Zion. Ewige Freude ruht auf ihren Häuptern. Wonne und Freude stellen sich ein, Kummer und Seufzen entfliehen" (Jes 35,4–7.10). Teile dieser Verheißungen werden von Jesus selbst zitiert, als er auf die Frage des Täufers, der im Gefängnis sitzt, die Worte des Propheten aufnimmt (vgl. Lk 7,18–22). So beweist Jesus anhand der Schrift, dass er der Messias ist.

Diese Verheißung richtet sich aber nicht nur auf sein erstes Kommen, sondern spricht auch von seiner Wiederkunft am Ende der Tage. Das verborgene Wirken Jesu in seiner Heimat wird einmal aller Welt offenbar werden. Advent besteht nicht nur in der Erinnerung an die Vorgänge um die Geburt Jesu, sondern auch in dem Ausblick auf seine zweite Ankunft. Gerade dieser Gedanke bestimmt die alte Kirche, die häufig in den Apsiden der Gotteshäuser den wiederkommenden Christus darstellte.

Die Zusage Gottes an die Notleidenden, an die Vielen, die auf der Schattenseite leben, darf nicht vergessen werden. Sie dürfen hoffen, weil Gott kommt und ihnen das Heil schenkt. Wer jetzt ganz unten ist, wird aufgerichtet. Während wir uns an Weihnachten häufig in den inneren Kreis der Familie und Freunde zurückziehen und das Fest selbst in die Hand genommen haben, richtet sich die adventliche Botschaft, die Gott kündet, gerade an die Ausgestoßenen, die Armen und die Leidenden. Sie warten auf Erlösung, auf die Wende, mehr als die Reichen und Satten, die scheinbar alles besitzen, denen aber oft die Sehnsucht nach Gott abhanden gekommen ist. Ihn werden alle erkennen, wenn er „kommt in Herrlichkeit", wie in jeder Eucharistiefeier gebetet wird. Immer wenn sich Menschen aus ihrer Schuld ihm neu zuwenden, handelt er an ihnen. Auf die Bekehrung, von der Jesaja spricht, die der Täufer in der Wüste predigt und zu der auch Jesus besonders in seinen Gleichnissen immer wieder aufruft, folgt Gottes Vergebung ohne Vorbedingungen. Wie dem Gefangenen im Kerker die Fesseln gelöst werden, so ist es Gott selbst, der die Gefangenschaft des Sünders beendet und ihn wieder als Sohn und Tochter annimmt. Gott schenkt dem, der umkehren will, die Heimkehr und damit zugleich den Frieden für immer, der nicht wie der Friede zwischen Völkern gefährdet ist.

Jesaja, dessen Aussagen den Hintergrund des Liedes bilden, wählt das Bild der Wüste, die ein Ort der Öde, der Unwirtlichkeit, sogar des Todes ist. Wenn kein Wasser mehr fließt, ist alles Leben dem Tod ausgeliefert. Gott allein kann aus trockener Wüste Quellen sprudeln lassen und so alles neu beleben, sodass der vorher trockene Wüstenboden reiche Frucht bringt. Wer einmal in der winterlichen Regenzeit das Land Israel besucht hat, stellt fest, wie nach dem Regen innerhalb kurzer Zeit die Wüste zu blühen beginnt in einer solchen Pracht, wie man es in der Trockenzeit nie für möglich gehalten hätte.

So mancher, der alles besitzt und leistet, begabt und erfolgreich ist, gleicht im Innern einer Wüste. Wenn er zur Ruhe und Besinnung kommt, sieht er keinen Sinn mehr in seinem Leben. Alles ist nur äußerlicher Firnis wie an manchen Gebäuden. Blättert und reißt er, bricht dahinter oft alles zusammen. Doch Gott geht jedem nach und belebt ihn mit seiner Liebe, wenn der Mensch sich ihm öffnet. Dann wird auch er getränkt aus der Quelle der Liebe. Beim Laubhüttenfest hat Jesus selbst davon gesprochen: „Wer Durst hat, komme zu mir, und es trinke, wer an mich glaubt. Wie die Schrift sagt: Aus seinem Inneren werden Ströme von lebendigem Wasser fließen“ (Joh 7,37 f.). Wer die Gabe Gottes empfängt, bringt Frucht. „Überreich die Saaten sprießen", singt das Lied.

Die folgende Strophe verwendet ebenfalls ein Bild aus dem Alten Testament, das Jesus auch in seine Verkündigung aufgenommen hat. In ihm erfüllt sich das Prophetenwort, dass Blinde wieder sehen, Taube hören und Gelähmte gehen können. Es geht hier nicht allein um körperliche Heilung. Die Wunden Jesu am Kreuz sind Zeichen für die Heilung menschlicher Schuld (vgl. 1 Petr 2,24). Die zunächst blind sind für ihn, ihnen werden die Augen geöffnet; die verstummt sind vor Angst oder Leid, werden befähigt, sein Lob zu singen; denen, die kein Ohr haben für ihre Mitmenschen, öffnet er das Gehör; wer gelähmt ist, nur um sich kreist, wird dann helfend anderen beistehen. Nicht nur der körperlich Kranke, nicht allein der seelisch Behinderte wird aufgerichtet, sondern auch der, der an seinen Sünden leidet, erfährt Heilung und Heil.

Während die ersten vier Strophen vom Kommen Gottes in die Welt sprechen, das im Erscheinen Jesu Wirklichkeit wurde, nennt die letzte Strophe das Kommen Gottes am Ende der Tage. Dann wird die endgültige Wende eintreten. Die Verheißungen Gottes gehen für immer in Erfüllung und beenden Leiden und Nöte. Was Jesus in der Parusierede betont und was in zahlreichen Bildern in der Offenbarung des Johannes umschrieben wird, tritt ein für alle. Wer hier in Treue durchhält, wer sich in Verfolgungen zu ihm bekennt, wird gerettet und nimmt an dem Mahl teil, das er den Seinen bereitet hat.

Die zahlreichen Bilder in diesem Lied müssen zunächst entschlüsselt und neu gedeutet werden, dann können sie in ihrer Tiefe auch den Menschen heute im Advent das vermitteln, was die Vorbereitung auf das Fest aus christlicher Grundhaltung bestimmen soll: Trost, Hoffnung und Freude. Wie in vielen adventlichen Gesängen wird auch hier der doppelte Charakter deutlich, der uns im Advent begegnet: Gott hat einen Neubeginn mit der Welt und mit jedem Einzelnen gesetzt in der Menschwerdung seines Sohnes, er wird alles vollenden bei seiner zweiten Ankunft am Ende der Tage; denn „allen Menschen wird zuteil Gottes Heil".

Freude, weil er kommt

2. Er ist gerecht, ein Helfer wert.
Sanftmütigkeit ist sein Gefährt,
sein Königskron ist Heiligkeit,
sein Zepter ist Barmherzigkeit;
all unsre Not zum End er bringt;
derhalben jauchzt, mit Freuden singt.
Gelobet sei mein Gott,
mein Heiland groß von Tat. →

3. O wohl dem Land, o wohl der Stadt,
so diesen König bei sich hat.
Wohl allen Herzen insgemein,
da dieser König ziehet ein.
Er ist die rechte Freudensonn,
bringt mit sich lauter Freud und Wonn.
Gelobet sei mein Gott,
mein Tröster früh und spat.

4. Macht hoch die Tür, die Tor macht weit,
eur Herz zum Tempel zubereit'.
Die Zweiglein der Gottseligkeit
steckt auf mit Andacht, Lust und Freud;
so kommt der König auch zu euch,
ja Heil und Leben mit zugleich.
Gelobet sei mein Gott,
voll Rat, voll Tat, voll Gnad.

5. Komm, o mein Heiland Jesu Christ,
meins Herzens Tür dir offen ist.
Ach zieh mit deiner Gnade ein,
dein Freundlichkeit auch uns erschein.
Dein Heilger Geist uns führ und leit
den Weg zur ewgen Seligkeit.
Dem Namen dein, o Herr,
sei ewig Preis und Ehr.

T: Georg Weißel vor 1623
M: Halle 1704

Es gibt Lieder, die durch ihren Text und zugleich durch ihre Melodie in besonderer Weise Freude zum Ausdruck bringen. Zu ihnen zählt sicher das Adventslied „Macht hoch die Tür, die Tor macht weit", das die Freude über den Kommenden in den Herzen der Singenden weckt. War es zunächst ein Lied, das innerhalb der evangelischen Gemeinden gesungen wurde, so ist es heute zu einem gemeinsamen Gut von evangelischen und katholischen Christen im deutschsprachigen Raum geworden.

Der Verfasser des Liedtextes ist der evangelische Pfarrer Georg Weißel, der in Ostpreußen als Seelsorger wirkte und 1635 in Königsberg, dem heutigen Kaliningrad, gestorben ist. Wahrscheinlich gehörte er dem Dichterkreis um Simon Dach an, der in diesem Raum zur gleichen Zeit gelebt hat.

Vieles vom Text geht auf biblische Gedanken zurück, besonders auf den 24. Psalm, der in der Liturgie des Advents in beiden Kirchen eine besondere Rolle spielt. Auch der bekannte Chorsatz von Andreas Hammerschmid „Machet die Tore weit" oder ein Kirchenlied, das im katholischen Raum gesungen wird, „Macht weit die Pforten in der Welt" beziehen sich auf diesen Psalm. Leider sind einige Ausdrücke im Liedtext dem Sprachgefühl unserer Zeit weit entrückt. Auch die barocken Allegorien, die verwandt werden, sind dem heutigen Menschen fremd.

Die Melodie stammt aus einer etwas späteren Zeit. Bekannt ist ein Chorsatz von Johannes Stobäus aus dem Jahr 1642, auf den man den Text eine Zeit lang gesungen hat. Eine Melodie von Johann Crüger wurde von den Gemeinden nicht angenommen. Die heute gesungene Melodie findet sich zum ersten Mal in einem Gesangbuch, das 1704 in Halle erschien und weite Verbreitung gefunden hat. Doch erst um die Mitte des 19. Jahrhunderts setzte sich die Melodie – dann sehr schnell – durch.

Schon der erste Vers der Dichtung geht auf Psalm 24 zurück und zieht sich durch das gesamte Lied. Am Ende des alttestamentlichen Psalms, der ein Einzugslied des Herrn in seinen Tempel in Jerusalem ist, heißt es: „Ihr Tore, hebt euch nach oben, hebt euch, ihr uralten Pforten; denn es kommt der König der Herrlichkeit. Wer ist der König der Herrlichkeit? Der Herr, stark und gewaltig, der Herr, mächtig im Kampf. Ihr Tore, hebt euch nach oben, hebt euch, ihr uralten Pforten; denn es kommt der König der Herrlichkeit. Wer ist der König der Herrlichkeit? Der Herr der Heerscharen, er ist der König der Herrlichkeit" (Ps 24,7–10). Die Erfüllung dieses Psalms ist der Einzug Jesu als König in seine Stadt Jerusalem einige Tage vor seinem Leiden und Tod. Dieses Evangelium wird in den evangelischen Kirchen am ersten Sonntag im Advent verlesen. Jesus, der in der Heiligen Nacht in Verborgenheit als Kind in die Welt kam, ist König und Herr, er herrscht nicht um der eigenen Macht willen, sondern ihm geht es immer um den Menschen, den er erlöst hat. Deshalb jauchzt ihm die Christenheit zu und preist ihn mit großer Freude.

Während eine Anzahl der Adventslieder zunächst die Dunkelheit der in Sünde gefallenen Welt und die Todverfallenheit des Menschen betont, steht hier die Freude im Vordergrund; denn die Gewissheit ist da: Er kommt! Weil der Gottessohn in die Welt eintritt, kann ich froh sein und muss singen, wie es ein Wort des heiligen Augustinus sagt: „Cantare amantis“ – „Singen ist Zeichen des Liebenden.“ Jeder ist durch die Ankunft des Königs geliebt und gibt, wenn er sich von ihm ansprechen lässt, die Liebe weiter. So preist die Gemeinde den, der Schöpfer und Erlöser zugleich ist.

Das Evangelium vom Einzug Jesu in Jerusalem zitiert einen Text des Propheten Sacharja: „Juble laut, Tochter Zion! Jauchze, Tochter Jerusalem! Sieh, dein König kommt zu dir. Er ist gerecht und hilft; er ist demütig und reitet auf einem Esel, auf einem Fohlen, dem Jungen einer Eselin“ (Sach 9,9). Zeichen der Demut des Königs ist der Ritt auf dem jungen Esel anstelle des mächtigen Reitpferds, das Könige sonst besteigen; aber auch die Futterkrippe, in die er nach seiner Geburt gelegt wird, spricht von seiner Demut. Der bekannte Chorsatz „Tochter Zion“ aus Georg Friedrich Händels Oratorium „Judas Maccabäus“ zitiert dieses Prophetenwort. Wagen, Zepter und Krone, die Attribute des Königtums, werden auf seine Eigenschaften als

Heiland gedeutet: Sanftmut, Heiligkeit und Barmherzigkeit sind die wirklichen Kennzeichen dieses Herrschers. Er setzt sie ein für die Menschen, deren Not er beendet. Damit unterscheidet er sich von den Mächtigen dieser Welt. Nicht er lässt sich von den Angehörigen seines Volkes bedienen, er dient ihnen bis zur Hingabe am Kreuz. Deshalb preist der Beter immer wieder neu das Tun dieses Heilbringers. Wo dieser König herrscht, ist Freude. Jeder, der mit ihm in Verbindung steht, nimmt an dieser Freude teil.

In unserer Zeit, in der die meisten nach einer demokratischen Ordnung der Staaten streben, ist der Zugang zu einem König zunächst nicht einfach. Er gehört höchstens in die Märchenwelt der Kindertage. Doch unter diesem Bild wird deutlich, wie der Sohn Gottes die Königsherrschaft beim Vater verlassen hat, um die Welt durch seinen Tod zu retten. Gerade dadurch wird er selbst vom Vater als Herrscher über alle eingesetzt. So sagt es der Hymnus im Brief des Apostels Paulus an die Philipper: „Er war Gott gleich, hielt aber nicht daran fest, wie Gott zu sein, sondern er entäußerte sich und wurde wie ein Sklave und den Menschen gleich. Sein Leben war das eines Menschen; er erniedrigte sich und war gehorsam bis zum Tod, bis zum Tod am Kreuz. – Darum hat ihn Gott über alle erhöht und ihm den Namen verliehen, der größer ist als alle Namen, damit alle im Himmel, auf der Erde und unter der Erde ihre Knie beugen vor dem Namen Jesu und jeder Mund bekennt: ‚Jesus Christus ist der Herr' – zur Ehre Gottes des Vaters" (Phil 2,6–11).

Auf Gottes Erbarmen muss der Mensch antworten. Deshalb noch einmal der Aufruf des Beginns: „Macht hoch die Tür, die Tor macht weit." Der Ausdruck von den „Zweiglein der Gottseligkeit" ist dem modernen Sprachempfinden fremd und meint wohl die Zweige, die das Volk am Palmsonntag in Jerusalem dem König auf den Weg streute. Ebenso sollen Menschen heute ihr Inneres bereiten und sich so auf seine Ankunft ausrichten. Dann kann er auch in ihr Leben kommen und ihnen Heil bringen.

Die letzte Strophe ist das Gebet des Einzelnen, der sich auf Christi Ankunft vorbereitet und ihn voller Ungeduld erwartet. Der Mensch kann das Seine tun, doch das Kommen des Reiches Gottes ist allein Gnade, um die jeder nur beten kann. So fleht der Mensch um den Geist, dass er ihn auf den Weg zur Vollendung führe. Mit dem Lob Gottes wird der Gesang wie mit einem großen Schlussakkord beschlossen: „Dem Namen dein, o Herr, sei ewig Preis und Ehr."

Mag manche Aussage im Text, die vom Barock geprägt ist, uns heute zunächst nicht ansprechen, so ist doch der Grundtenor des Liedes eine tiefe Freude, mit der die Ankunft des Herrn erwartet wird. Es ist das Bewusstsein, dass der, der Weihnachten als Kind geboren wurde, einmal wiederkommen wird als König in Herrlichkeit.

Das älteste Adventslied

2. Nicht nach eines Menschen Sinn,
sondern durch des Geistes Hauch
kommt das Wort in unser Fleisch
und erblüht aus Mutterschoß.

3. Wie die Sonne sich erhebt
und den Weg als Held durcheilt,
so erschien er in der Welt,
wesenhaft ganz Gott und Mensch.

4. Glanz strahlt von der Krippe auf,
neues Licht entströmt der Nacht.
Nun obsiegt kein Dunkel mehr,
und der Glaube trägt das Licht.

5. Gott dem Vater Ehr und Preis
und dem Sohne Jesus Christ;
Lob sei Gott dem Heilgen Geist
jetzt und ewig. Amen.

T: Ambrosius von Mailand 4. Jh. „Veni redemptor gentium"
Übertragung Markus Jenny 1971
M: Einsiedeln 12. Jh. / Erfurt 1524

Das älteste uns erhaltene Adventslied stammt aus einer Zeit, als das Weihnachtsfest wohl noch nicht gefeiert wurde oder gerade erst in den Festkalender der Kirche aufgenommen war. Für uns heute ist es ein unvorstellbarer Gedanke, dass Weihnachten, heute *das* Fest der Christenheit, in den ersten Jahrhunderten des Christentums überhaupt nicht begangen wurde, während man das Osterfest von Anfang an gefeiert hat. Den Advent als Vorbereitungszeit auf das Geburtsfest Jesu hat man dann noch einige Jahrhunderte später eingeführt.

Der heilige Ambrosius, der 397 starb und dem man lange Zeit die Verfasserschaft einer großen Anzahl von Hymnen zugeschrieben hat, was die moderne Forschung nicht bestätigen kann, gilt als Autor dieses Liedes. Sein Freund und Zeitgenosse Augustinus bezeugt, dass Ambrosius, Bischof von Mailand, Verfasser des „Veni redemptor gentium" ist. Im Lauf der Zeit wurde der lateinische Hymnus, den man während des Advents in den Klöstern sang, verschiedene Male in die deutsche Sprache übertragen. Auch die heute noch gesungene Melodie stammt in ihren Ursprüngen schon aus dem hohen Mittelalter. Die bekannteste Übersetzung des lateinischen Textes schuf Martin Luther, der ihn fast wortwörtlich in die deutsche Sprache übertragen hat. „Nun komm, der Heiden Heiland", beginnt seine Übersetzung. Sie macht auf uns heute in Verbindung mit der Melodie einen etwas holprigen Eindruck. Immerhin hat Johann Sebastian Bach die Übersetzung Luthers für einige seiner Kantaten, die mit zu dem Schönsten der adventlichen Musik zählen, verwendet. Für das katholische „Gotteslob" wurde die Textübersetzung des Reformators zwar in Strophenform gelassen, aber sprachlich stark verändert. Zudem wurde eine Auswahl der ursprünglichen Strophen vorgenommen.

Das Lied, das die Christenheit als Adventslied kennt, ist zunächst ein christologischer Hymnus, in dem sich Bischof Ambrosius gegen die Anhängerschaft des Irrlehrers Arius zur Göttlichkeit Christi bekennt. Das kommt in den Strophen, die weggefallen sind, noch deutlicher zum Ausdruck. Im vierten und auch in den folgenden Jahrhunderten hatte der Arianismus eine große Gefolgschaft, gegen die sich zahlreiche Theologen der Kirche in unterschiedlichen Argumenten wandten.

„Komm, du Heiland aller Welt": In zahlreichen Gebeten und Gesängen wird die Bitte um das Kommen Gottes laut. Es ist nicht nur das flehentliche Rufen nach dem Erlöser, wie es die Propheten, besonders Jesaja, anstimmten, bevor der Herr als Mensch in diese Welt kam. Advent und Weihnachten begehen Christen nicht so, als spielten sie etwas, was vor zweitausend Jahren geschehen ist. Mit dem Kommen des Herrn ist auch seine Ankunft am Weltende, die jetzt vorbereitet wird, gemeint. Der Gekommene ist zugleich der Kommende. In der Heiligen Nacht hat sich das erfüllt, was Jesaja verheißen hat: „Seht, die Jungfrau wird ein Kind empfangen, sie wird einen Sohn gebären, und sie wird ihm den Namen Immanuel (Gott mit uns) geben" (Jes 7,14). Diese Verheißung wird in den Kindheitsgeschichten bei Matthäus zitiert. Vor diesem Geheimnis, dass Gott ein Mensch wird, kann die Welt nur staunend und anbetend stehen.

Wir begegnen heute der Aussage, dass Gott Mensch wurde, in einer Zeit, in der Wissenschaftler darangehen, an menschlichen Stammzellen zu manipulieren, Gene zu verändern und über den Anfang und das Ende des Menschenlebens glauben verfügen zu können. „In Jesus Christus hat Gott selbst ein menschliches Gesicht angenommen. Das ehrt alle Menschen. Das Leben des Menschen ist deshalb heilig. Es steht nicht zur Disposition, weder an seinem Beginn noch an seinem Ende", folgert Bischof Reinhard Lettmann in seinem Fastenhirtenbrief 2002. Wie ist die Menschwerdung Gottes zu sehen, wenn das eintritt, was ein Philosoph vergangener Zeiten einmal ausgesprochen hat: dass ein Mensch des anderen Wolf sei? Nicht nur Kriege und terroristische Anschläge machen eine solche Einstellung deutlich, sondern auch die Auseinandersetzungen im engsten Bereich von Ehe und Familie oder Mobbing am Arbeitsplatz. In die gefallene und sündige Menschheit aller Zeiten ist Gott gekommen, um einen jeden durch seine Menschwerdung und seinen Tod zu erlösen.

Heute scheint fast alles menschenmöglich zu sein: Gutes, aber auch Böses. Dass der Schöpfer in die Welt kam, ist nicht vom Menschen her machbar. Bei der Menschwerdung seines Sohnes ist Gott der Allein-Handelnde. Sein Geist ist es, durch den das Wort des Vaters Fleisch annimmt. Jedoch will Gott es nicht ohne die Mitwirkung des Menschen tun. Gott wird Mensch, weil Maria in den Willen des Vaters einwilligte. Aus ihrem Schoß erblüht das Leben für alle.

In der Dunkelheit der Sünde und des Todes geht die Sonne Jesus Christus auf. Gerade die alte Kirche sieht den Herrn immer wieder unter diesem Bild. So wurde der Termin des römischen Festes des unbesiegbaren Sonnengottes, das man mitten im Winter feierte, für das christliche Weihnachtsfest gewählt. Christus ist die wahre Sonne an der Zeitenwende. Die Gotteshäuser wurden zum Osten hin gebaut, wo die Sonne aufgeht. Im Lauf des Tages gewinnt sie immer mehr an Kraft, strahlt immer heller und überwindet alle Finsternis. Auch Christus besiegt die Dunkelheiten des Leids, der Sünde und des Todes in seinem Erscheinen auf Erden, in seinem Tod und in seiner Verherrlichung. Wenn wir zu manchen Zeiten das Gefühl haben, dass die Mächte der Finsternis in der Welt und auch im eigenen Leben die Oberhand besitzen, so wird doch Christus, der Gott und Mensch zugleich ist, siegen.

Dieses Licht ist in der Geburt Jesu in einer verlorenen Welt zum ersten Mal aufgestrahlt. Verschiedentlich zeigen alte Meister, wenn sie die Geburt Jesu malen, wie das Licht, das die Personen auf dem Bild und die gesamte Umgebung erleuchtet, nicht von außen aus einer Lichtquelle eindringt, sondern wie das Kind in der Krippe selber Licht ist, dessen Schein alles erleuchtet. Das Licht, das die Nacht erhellt, die Weihnachtsnacht und auch die dunkle Osternacht, wird einen Tag heraufführen, der keinen Abend kennt. Er, der selber die Nächte in seinem irdischen Leben durchlitten hat, führt gerade dadurch das Licht herauf. Weil er die Dunkelheiten ertragen hat, kann er für den Glaubenden Licht sein. Die zahlreichen Lichter, die in den Wochen des Advents und am folgenden Fest entzündet werden, sollten nicht nur die äußere Dunkelheit erleuchten, auch nicht nur zur Feierlichkeit beitragen, sondern allen, deren Glaube angefochten ist, Zeichen für das Licht sein, das alles erleuchtet.

Dieser Glaube, den Christen, wenn er auch noch so zaghaft ist, bekennen, wird aufgenommen in die Schlussstrophe, die Doxologie des dreifaltigen Gottes. Wie zahlreiche Hymnen und manche Lieder mit dem Preis des Allmächtigen schließen, so auch dieser Gesang, der in besonderer Weise die Gottheit und die Menschheit dessen betont, der in diese Welt gekommen ist.

Jubel der Vollendung

2. Zion hört die Wächter singen;
das Herz tut ihr vor Freude springen,
sie wachet und steht eilend auf.
Ihr Freund kommt vom Himmel prächtig,
von Gnaden stark, von Wahrheit mächtig;
ihr Licht wird hell, ihr Stern geht auf. →

„Nun komm, du werte Kron,
Herr Jesu, Gottes Sohn.
Hosianna.
Wir folgen all zum Freudensaal
und halten mit das Abendmahl."

3. Gloria sei dir gesungen
mit Menschen- und mit Engelzungen,
mit Harfen und mit Zimbeln schön.
Von zwölf Perlen sind die Tore
an deiner Stadt; wir stehn im Chore
der Engel hoch um deinen Thron.
Kein Aug hat je gespürt,
kein Ohr hat mehr gehört
solche Freude.
Des jauchzen wir und singen dir
das Halleluja für und für.

T und M: Philipp Nicolai 1599

Dieses Lied war von Anfang an so bekannt und hatte für den Gesang in den Gemeinden eine solche Bedeutung, dass zahlreiche Komponisten die Melodie für Chor- und Sologesang, für Orchester und Orgel bearbeitet haben. Bekannte Namen wie Dietrich Buxtehude, Johann Gottfried Walther, Johann Ludwig Krebs, vor allen Dingen Johann Sebastian Bach und sein Sohn Johann Christoph Friedrich sind dafür Zeugen. Hieran wird deutlich, welcher Beliebtheit sich das Kirchenlied aus dem Jahr 1599 erfreute.

Verfasser des Textes und aller Wahrscheinlichkeit auch der Melodie ist Philipp Nicolai, Pfarrer an der evangelischen Stadtkirche in Unna in Westfalen. Ein weiteres Lied von ihm zählt ebenfalls zu den schönsten Gesängen aus der Barockzeit, das bekannte „Wie schön leucht' uns der Morgenstern", das ebenso wie das „Wachet auf" vielfach von Komponisten bearbeitet wurde. Während das Lied, das zum Wachen aufruft, in der evangelischen Kirche am Ende des Kirchenjahres gesungen wird, gilt es in der katholischen, die es übernommen hat, als Adventslied. Doch zu beiden Zeiten gedenkt die Christenheit der Wiederkunft des Herrn am Ende der Tage, wenn heute auch dieser Gedanke vielen im Advent sehr fern gerückt ist.

Wie es auch andere Adventslieder deutlich machen, erinnern wir uns der Vorgänge um die Geburt des Herrn und richten uns auf die Zukunft aus, wenn er kommt, um seine Schöpfung zu vollenden. Gerade diesen Gedanken nimmt das Lied auf und entfaltet ihn mit großer Freude. Während manche Choräle und auch das in der Vergangenheit in Totenmessen gesungene „Dies irae“ – „Tag des Zornes“ von Gott spricht, der über die Toten nach seiner Gerechtigkeit urteilt, die den Menschen in große Furcht versetzt, bestimmt in diesem Lied die Freude Text und Melodie. Es verwendet dabei Zitate aus der Heiligen Schrift, wie so oft aus dem Propheten Jesaja, dem Matthäus-Evangelium, aus dem ersten Brief des Apostels Paulus an die Korinther und vor allen Dingen aus der Offenbarung des Johannes.

Nicolai hat die Stellen so zusammengefügt, dass sie ein Gebet sind. Durch das gesamte Lied zieht sich das Bild von der Braut und dem Bräutigam. Die Gemeinde Jesu, die Kirche, erwartet den kommenden Herrn und bereitet sich auf seine Ankunft vor. Während die erste Strophe zur Wachsamkeit aufruft, sprechen die beiden weiteren von der Schönheit der Vollendung unter vielfältigen Bildern, die man in der Barockdichtung häufig findet.

Wie Fanfarenstöße – beeindruckend in Felix Mendelssohn Bartholdys Chor im Oratorium „Paulus“ dargestellt – erklingen Worte und Melodie: „Wachet auf, ruft uns die Stimme!“ Nicolai nimmt ein Zitat aus den Schriften des Propheten Jesaja: „Aus Seïr ruft man mir zu: Wächter, wie lange noch dauert die Nacht? Wächter, wie lange noch dauert die Nacht? Der Wächter antwortet: Es kommt der Morgen, es kommt auch die Nacht. Wenn ihr fragen wollt, kommt wieder und fragt!“ (Jes 21,11 f.). In der Vergangenheit hielten Wächter auf der Zinne einer Burg oder auf der Stadtmauer Wache, um die anrückenden Feinde schon von weitem zu sehen und die Bewohner zu warnen. Dieser Wächter hier kündet den Morgen an. Wenn auch zurzeit noch die Nacht über der Erde lastet und der Durchbruch des Lichts nicht zu erkennen ist, so wird doch der Morgen kommen.

Bildlich ist der Wächter in einer alten Bronzeplastik im Erfurter Dom dargestellt. In den ausgestreckten Händen hält die Gestalt brennende Kerzen. Christen sollen immer wie Wächter leben. Wie diese den kommenden Tag erwarten, so sie den wiederkommenden Herrn.

Der Dichter nimmt ein anderes Bild aus dem Neuen Testament auf: die klugen Jungfrauen, die auf den Herrn warten und neben ihren Lampen auch Öl mitgenommen haben; sie sind so bereit, wenn der Herr zur Hochzeit kommt, ihm mit brennenden Lampen entgegenzugehen. Die anderen haben zwar ihre Lampen bei sich, aber kein Öl, weshalb sie zur Hochzeit nicht zugelassen werden (vgl. Mt 25,1–13). Hier wird die Gemeinde, die auf ihren Herrn wartet, angesprochen, so bereit zu sein wie die klugen Jungfrauen. Obgleich dieses Gleichnis auch von den törichten Jungfrauen spricht, die nicht in den Hochzeitssaal eingelassen werden, erwähnt das Lied nur die, die für das Kommen des Herrn bereit sind. Es überwiegt im gesamten Text die Freude; denn das Halleluja, das die Aufforderung zur Bereitschaft unterbricht, deutet schon den Jubel der Vollendung an. Die Gemeinde des Herrn soll einmal an der großen Freude, die sie erwartet, teilnehmen.

Noch einmal spricht Philipp Nicolai von der Stadt Jerusalem, hier unter dem Begriff Zion, von dem wiederum ein Text aus den Schriften des Jesaja kündet: „Horch, deine Wächter erheben die Stimme, sie beginnen alle zu jubeln. Denn sie sehen mit eigenen Augen, wie der Herr nach Zion zurückkehrt" (Jes 52,8). Das Lied spricht von einem Übermaß an Freude, wenn Zion, der christlichen Gemeinde, das Herz vor Freude zu zerspringen droht. Wie die Jungfrauen im Gleichnis nach dem Weckruf, der Bräutigam komme, ihm entgegeneilen, so macht sich auch die Gemeinde auf. Von dieser Bereitschaft schreibt Paulus im Römerbrief: „Die Stunde ist gekommen, aufzustehen vom Schlaf" (Röm 13,11). Der Herr, der zur Hochzeit kommt, ist zugleich der Freund der Gemeinde, der in seiner zweiten Ankunft mit großer Macht und Herrlichkeit erscheint und den Seinen Erbarmen schenkt. Alle Finsternis, ob Krankheit, Not und Tod, wird von dem Licht erhellt, das der kommende Herr selber ist. Er ist der Stern, der in dunkler Nacht leuchtet und die Richtung weist. Die wachende Gemeinde jubelt ihm zu mit Worten aus der Offenbarung des Johannes, in der der Kommende selbst den Getreuen die Verheißung gibt: „Ich werde dir den Kranz des Lebens geben" (vgl. Offb 2,10).

Das Hosianna, mit dem die Volksscharen am Palmsonntag Christus als ihren König begrüßt haben, wird hier von der Gemeinde angestimmt. Weil sie ihm in Treue im irdischen Leben dient, folgt sie ihm einmal in den Saal, in dem das Hochzeitsmahl gehalten wird, wie es das Gleichnis von den Jungfrauen am Ende berichtet. Dann wird das, was Christen hier feiern, das Abendmahl, die Eucharistie, übergehen in die Vollendung.

In der letzten Strophe des Liedes wird deutlich, wie die Gemeinde, die Gott feiert, und die Engel, die im Himmel sein Lob singen, eine Einheit bilden. Die Stimmen und Instrumente erklingen zu seiner Ehre. Die Vision erweitert sich, denn der Seher richtet den Blick auf das himmlische Jerusalem, wie es wiederum die Offenbarung des Johannes verdeutlicht: „Die zwölf Tore sind zwölf Perlen; jedes der Tore besteht aus einer einzigen Perle. Die Straße der Stadt ist aus reinem Gold, wie aus klarem Glas“ (Offb 21,21). Menschen und Engel, die am Thron Gottes stehen, nehmen an der Vollendung teil. Bilder können jedoch das nicht voll ausdrücken, was einmal Wirklichkeit sein wird. Deshalb greift das Lied das Pauluswort aus dem ersten Korintherbrief auf: „Kein Auge hat es gesehen, kein Ohr hat es gehört, in keines Menschen Herz ist es gedrungen, was Gott denen bereitet hat, die ihn lieben“ (1 Kor 2,9). Weil die christliche Gemeinde dies im Blick hat, werden die Leidenden getröstet und sie haben Grund zum Jubeln.

Für die Bedrängten aller Zeiten, die auf Gott ihre Hoffnung setzen, ist dieses Lied aus der Barockzeit wie eine Vision, die ihnen auch in schweren Zeiten

Mut zu geben vermag. Ihnen gilt die Verheißung des Psalms: „Die mit Tränen säen, werden mit Jubel ernten" (vgl. Ps 126,6).

Warten auf den Morgen

2. Dem alle Engel dienen,
wird nun ein Kind und Knecht.
Gott selber ist erschienen
zur Sühne für sein Recht.
Wer schuldig ist auf Erden,
verhüll nicht mehr sein Haupt.
Er soll errettet werden,
wenn er dem Kinde glaubt.

→

3. Die Nacht ist schon im Schwinden,
macht euch zum Stalle auf.
Ihr sollt das Heil dort finden,
das aller Zeiten Lauf
von Anfang an verkündet,
seit eure Schuld geschah.
Nun hat sich euch verbündet,
den Gott selbst ausersah.

4. Noch manche Nacht wird fallen
auf Menschenleid und -schuld.
Doch wandert nun mit allen
der Stern der Gotteshuld.
Beglänzt von seinem Lichte,
hält euch kein Dunkel mehr;
von Gottes Angesichte
kam euch die Rettung her.

5. Gott will im Dunkel wohnen
und hat es doch erhellt.
Als wollte er belohnen,
so richtet er die Welt.
Der sich den Erdkreis baute,
der lässt den Sünder nicht.
Wer hier dem Sohn vertraute,
kommt dort aus dem Gericht.

T: Jochen Klepper 1938
M: Johannes Petzold 1939

Manche Lieder sind sehr eng mit ihrem Verfasser und seinem Schicksal verbunden. Da ist das Adventslied „O Heiland, reiß die Himmel auf“ des Jesuiten Friedrich Spee von Langenfeld aus der Zeit des Dreißigjährigen Kriegs und ebenso das über 300 Jahre später in der Zeit des Nationalsozialismus 1938 von Jochen Klepper verfasste „Die Nacht ist vorgedrungen“.

Als Sohn eines evangelischen Pfarrers aus Schlesien hatte Jochen Klepper zunächst selber Theologie studiert, gab dieses Studium aber nach einiger Zeit auf. Der Konflikt mit seinem Vater wird in seinen Tagebüchern deutlich und muss daran Schuld gewesen sein. So wurde er Schriftsteller und Journalist. Er lernte eine Jüdin kennen, die er gegen den Willen seiner Familie heiratete.

Der Advent hat für das Schicksal dieses Mannes immer eine besondere Bedeutung gehabt. Am vierten Sonntag im Advent des Jahres 1938 empfing seine Frau Hanni die Taufe, und ihre Ehe wurde eingesegnet. Die Stieftochter Renate wurde 1940 getauft. In der Nacht zum 11. Dezember 1942, wiederum im Advent, als die Judenverfolgung in Deutschland ihren Höhepunkt erreicht hatte, schied er zusammen mit seiner Frau und deren Tochter völlig zermürbt freiwillig aus dem Leben, weil die beiden liebsten Menschen, die der jüdischen Rasse angehörten, ins Konzentrationslager gebracht werden sollten. Seine letzte Eintragung in sein Tagebuch einige Stunden vor der Tat lautet: „Wir sterben nun – ach, auch das steht bei Gott –, wir gehen heute Nacht gemeinsam in den Tod. Über uns steht in den letzten Stunden das Bild des segnenden Christus, der um uns ringt. In dessen Anblick endet unser Leben" („Du hast mich heimgesucht bei Nacht", Gütersloh, [5]1977, S. 173).

Wie stark er selber die Nacht, von der er in diesem Lied schreibt, erfahren hat, wie tief aber auch die Sehnsucht nach dem göttlichen Licht war, geht aus seinem Leben und Sterben hervor. Der Dichter Reinhold Schneider, ein Freund Kleppers, bezeichnet in seiner Autobiographie diese Tat als „eine menschliche, eine christliche und eine künstlerische Tragödie", um dann fortzufahren: „Dass er Frau und Kinder zu Christus führe, war Kleppers Auftrag. Er hat ihn erfüllt. Als ihm aber die Macht des Verbrechens die geliebte Gemeinschaft und Verantwortung nicht mehr erlaubte, nahm er seine Frau und die jüngste Tochter an der Hand und eilte zu Gott, ehe er sie gerufen hatte. Das war ein Akt des Glaubens: Schütze, die ich nicht mehr schützen kann! Es war ein Selbstmord unter dem Kreuz, dem Zeichen der Liebe. Das Problem stellt sich in einer Gestalt, auf die es keine Antwort gibt" (zitiert nach: „Du hast mich heimgesucht bei Nacht", a. a. O. S. 166).

Der Freitod eines gläubigen Christen wie Jahrzehnte später der des evangelischen Pfarrers Brüsewitz in der damaligen DDR, der damit gegen das kommunistische Regime protestieren wollte, wird immer ein Problem bleiben, über das niemand urteilen darf, weil er trotz grundsätzlicher Ablehnung nicht die Nöte eines Menschen kennt, die ihn zu diesem Schritt bewogen haben.

Die Melodie des Liedes, von Johannes Petzold 1939 komponiert, ist in phrygischer Tonart geschrieben und entspricht so in besonderer Weise dem ernsten Text. Obgleich Jochen Klepper in seiner Dichtung nicht ausdrücklich die Passion Jesu erwähnt, steht sie doch im Hintergrund. Durch Text und Melodie schimmert das erlösende Leiden des Herrn hindurch.

Das Thema „Nacht" spielt eine besondere Rolle. Doch ist die feste Zuversicht da, dass der kommende Tag schon naht, der sich durch den Glanz des Morgensterns ankündigt. Wenn der Tag da ist, wird auch der,

der jetzt Trauer trägt, die Freudenlieder anstimmen. „Angst und Pein" – wie in der Strophe des bekannten Liedes „O Haupt voll Blut und Wunden" – werden hier genannt: Stimmungen, die besonders in den letzten Lebensjahren Kleppers eine tiefe Bedeutung hatten. Da war der Schmerz über den Ausschluss von so vielem, was für andere selbstverständlich war. Da waren aber auch die Ängste um die jüdische Frau und deren Tochter. Doch gibt sich der Verfasser nicht verloren, denn der Morgenstern, Jesus Christus selbst, steht über seinem Leben und leuchtet auch in den dunklen Stunden.

Gott wird Mensch. Der Unendliche wird ein kleines Kind, ja sogar ein Knecht, wie es die Schriften des Propheten Jesaja in den Gottesknechtsliedern vorausgesagt haben. Gott ist gekommen, um den Menschen mit sich zu versöhnen. Hier klingt sehr stark die reformatorische Rechtfertigungslehre an, die davon spricht, dass ein Mensch nur durch das Wirken Gottes als Gerechter vor ihm steht. Auch der größte Sünder wird durch den Glauben an den Sohn Gottes, der als Kind gekommen ist, gerettet werden.

Wie die Nacht weicht, wenn die Morgenröte naht, so bricht der neue Tag für die Erlösten an in der Geburt des Kindes, das alle aufsuchen sollen, um aus ihrer Not und Bedrängnis errettet zu werden und das Heil zu finden. Wie Gott immer wieder durch seine Propheten Vergebung verkündet hat , so wird sie durch den Sohn Gottes geschenkt, der alle Schuld tilgt. In Jesus von Nazaret ist Gott in die Schuld der Menschen gekommen, um sie für immer zu heilen. Er ist im wahrsten Sinne Mittler geworden zwischen dem heiligen Gott und dem schuldigen Menschen.

Wenn der Tag auch schon langsam dämmert, so ist noch viel an Finsternis, an Nacht da, die belastet. In der großen Welt, in der es Kriege und Armut gibt, ist das wie im eigenen Leben, in dem Krankheit und Not, Missverständnisse und Enttäuschungen herrschen, mit denen sich Menschen gegenseitig das Leben zur Hölle machen. Doch in Jesu Geburt ist der Morgenstern aufgeleuchtet, der einmal am Ende der Tage mit seinem Glanz alles erhellen wird. Das Erscheinen des Herrn ist wie ein Stern am dunklen Himmel, der allen, die in der Nacht unterwegs sind, den richtigen Weg zeigt. Wer unter seinem Schein geht, wird auch in finsterer Nacht das Ziel nicht verfehlen. Gottes Wohlwollen, sein Erbarmen mit dem Menschen, ist in seinem Sohn aufgeleuchtet. Vom Vater ist der Sohn ausgegangen und hat einer verlorenen Menschheit Rettung gebracht.

Von besonderer Eindringlichkeit ist die letzte Strophe, in der die großen Gegensätze gegenübergestellt werden: Dunkel und Helligkeit, Gericht und Belohnung, Erschaffung des Weltalls und Rettung des Sünders, Vertrauen auf den Gottessohn, auch noch im Gericht.

Durch die Schuld des Menschen müsste sich Gott in das Dunkel zurückziehen, doch er hat die Welt durch die Geburt des Sohnes hell gemacht. Was im österlichen „Exsultet“ als „wahrhaft selige Schuld“ besungen wird, klingt auch in diesem Lied an; denn Gott will die gefallene Welt durch die Menschwerdung seines Sohnes belohnen. Sein Gericht besteht in Erlösung. Was durch menschliche Schuld verloren gegangen ist, wird durch Gott selbst wieder zurückgeholt, denn die Liebe Gottes überwiegt alle Schuld. Der erste Johannesbrief sagt: „Er ist die Sühne für unsere Sünden, aber nicht nur für unsere Sünden, sondern auch für die der ganzen Welt" (1 Joh 2,2). Wer sein Vertrauen auf Jesus Christus setzt, braucht keine Angst zu haben vor dem Gericht. Nicht menschliche Leistung ist entscheidend, sondern das kindliche Vertrauen auf Gott und seine unendliche Liebe.

Das Weihnachtsfest, wie es in unseren Tagen gefeiert wird, lässt viele unerfüllt. Mögen noch so große Geschenke verteilt und empfangen werden, wenn darüber das Geschenk vergessen wird, das Gott der Welt in seinem Sohn gemacht hat, bleibt Weihnachten nichts anderes als ein Tag, an dem Menschen sich selbst feiern, was nie zur Erfüllung führen kann. Wer jedoch die Glaubenserfahrung macht, dass das Kind in der Krippe Heil gebracht hat, hofft auch auf die zukünftige Vollendung am Ende der Zeit. Alle Dunkelheiten werden vom hellen Schein des Morgensterns, der von der Krippe kommt, erleuchtet.

Die Namen unseres Gottes

2. O Weisheit aus des Höchsten Mund,
die du umspannst des Weltalls Rund
und alles lenkst mit Kraft und Rat:
komm, weise uns der Klugheit Pfad.

3. O Adonai, du starker Gott,
du gabst dem Mose dein Gebot
auf Sinai im Flammenschein:
streck aus den Arm, uns zu befrein.

4. O Wurzel Jesse, Jesu Christ,
ein Zeichen aller Welt du bist,
das allen Völkern Heil verspricht:
eil uns zu Hilfe, säume nicht.

→

5. O Schlüssel Davids, dessen Kraft
uns kann entziehn der ewgen Haft:
komm, führ uns aus des Todes Nacht,
wohin die Sünde uns gebracht.

6. O Aufgang, Glanz der Ewigkeit,
du Sonne der Gerechtigkeit:
erleuchte doch mit deiner Pracht
die Finsternis und Todesnacht.

7. O König, Sehnsucht aller Welt,
du Eckstein, der sie eint und hält:
o komm zu uns, o Herrscher mild,
und rette uns, dein Ebenbild.

8. O „Gott mit uns", Immanuel,
du Fürst des Hauses Israel,
o Hoffnung aller Völker du:
komm, führ uns deinem Frieden zu.

9. Herr, wir vertrauen auf dein Wort;
es wirkt durch alle Zeiten fort.
Erlöse uns, du bist getreu.
Komm, schaffe Erd und Himmel neu.

T: nach Heinrich Bone 1847
M: Andernacher Gesangbuch, Köln 1608

In den letzten sieben Tagen vor der Feier des Weihnachtsfestes betet die Kirche in der abendlichen Vesper die so genannten „O-Antiphonen". Sie werden so bezeichnet, weil sie alle mit dem Ausruf „O" beginnen. In den Klöstern der alten Orden werden sie in der Weise des gregorianischen Chorals mit besonderer Feierlichkeit gesungen. Diese Antiphonen leiten ein und beschließen den Höhepunkt der Vesper, das „Magnificat", das zum ersten Mal die Gottesmutter Maria sang, als sie ihre Verwandte Elisabet besuchte. Beide Frauen erwarteten ein Kind: Elisabet den späteren Täufer Johannes, Maria den lang ersehnten Messias. Auf den Gruß Elisabets antwortete Maria mit dem Gebet, das nach seinem ersten Wort in lateinischer Sprache „Magnificat" heißt und mit den Worten beginnt: „Meine Seele preist die Größe des Herrn, und mein Geist jubelt über Gott, meinen Retter" (Lk 1,46 f.). In der Vesper wird es von einer Antiphon, einem Vers, umschlossen, der zu Beginn und zum Schluss gesungen wird und sich auf das Fest oder auf die Zeit des Jahres bezieht. Die Antiphon ist wie ein Rahmen um ein kostbares Bild, der es erst richtig zur Geltung bringt.

Von besonderer Bewegtheit sind die Antiphonen in den letzten Tagen vor Weihnachten, wollen sie doch nicht nur die Erinnerung an die Geschehnisse um die Geburt Jesu wecken, sie bitten auch darum, dass Gott in unsere Zeit komme, die oft so fern von ihm erscheint. Sie sprechen die Vergangenheit an, als er Mensch wurde, die Gegenwart mit der Bitte um seine Nähe in der heutigen Welt und die Zukunft, die Vollendung ist. Das will der Advent in jedem Jahr deutlich machen.

Die sieben O-Antiphonen werden im deutschen Kirchenlied eingeleitet mit einer Strophe, die von der Zeit spricht, als die Menschheit auf die Ankunft des Messias gewartet hat, wie es auch die Adventslieder „Tauet, Himmel, den Gerechten“, „O Heiland, reiß die Himmel auf“ oder „O komm, o komm, Emanuel“ tun. Die Melodie aus dem „Gotteslob“ findet sich zum ersten Mal im „Andernacher Gesangbuch“. Wie in der ersten Strophe um die Ankunft des Gottessohnes gebetet wird, von der wir als Christen bekennen, dass sie geschehen ist, spricht die letzte von dem Vertrauen, das der Mensch auf Gottes Wort haben darf; denn durch alle Zeiten bis zu seinem Kommen, wenn er Himmel und Erde neu schafft, ist er mit seiner Treue bei den Erlösten. Die erste und letzte Strophe umschließen die sieben Antiphon-Strophen, die mit ihrem Bilderreichtum von der Sehnsucht des Menschen sprechen, den sie auf das Kommen des Herrn vorbereiten.

Voller Inbrunst ruft der Beter Gott unter verschiedenen Namen an. So ist seine *Weisheit* schon im alten Bund auf das Innigste mit ihm selber verbunden. In der Ankunft des Messias hat die Weisheit Fleisch angenommen in der Person Jesu von Nazaret. Sie zeigt sich in ihm nicht in äußerer Macht und Größe, sondern im Kleinen. Der Verheißene ist als hilfloses Kind in die Welt gekommen. Später war er bei den Armen, Kranken und Sündern, die in der Öffentlichkeit oft übersehen oder verachtet werden. Den Geringen will er das Heil bringen, auch heute. Er ist sogar am Kreuz zwischen zwei Verbrechern gestorben. Paulus schreibt an die Gemeinde in Korinth: Als die Welt mit ihrer Weisheit Gott nicht erkannt habe, da habe Gott sie mit der Torheit des Kreuzes gerettet (vgl. 1 Kor 1,21). Die Weisheit Gottes setzt andere Maßstäbe, als wir Menschen es tun. Gottes Weisheit beschenkt seine Geschöpfe immer wieder neu mit einer Liebe, die sich im Kleinen offenbart.

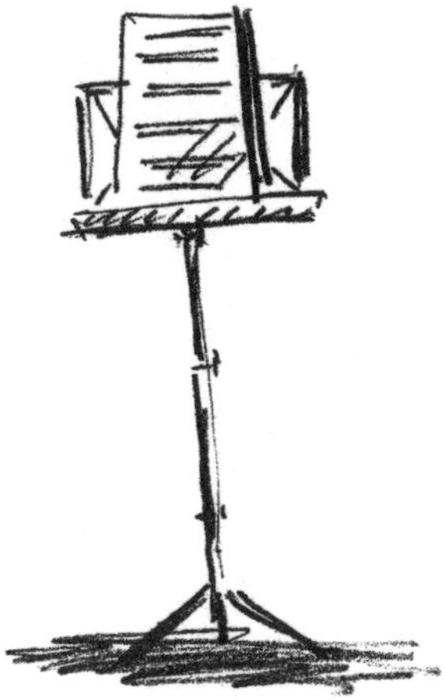

Einst hat *Adonai*, der Herr, sich dem Mose aus dem brennenden Dornbusch mit seinem Namen offenbart und ihm den Auftrag gegeben, sein Volk aus Ägypten herauszuführen. Am Berg Sinai hat er diesem Volk das Gesetz gegeben, damit es eine Richtschnur für sein Handeln habe. Auch die heute Lebenden, die sich oft wie in der Fremde vorkommen, soll er führen; denn oft werden sie von Einflüssen bestimmt, die sie auf Abwege bringen, die nicht zum Ziel führen. Fromme Folklore in den adventlichen Wochen kann letztlich nicht darüber hinwegtäuschen, dass ein Weg auch in der Verlorenheit enden kann. Allein Gottes Macht befreit aus allen Nöten.

Auch unter dem Bild der *Wurzel Jesse* wird der Erwartete angerufen. Auf mittelalterlichen Altären und Kirchenfenstern ist verschiedentlich ein Stammbaum dargestellt. Aus dem Körper des Jesse, des Vaters von König David, wächst wie aus der Wurzel ein Baum mit Ästen, Zweigen und Blättern. In diesem Baum sieht man Gestalten der Stammväter und Stammmütter Jesu. An der Spitze – gleichsam als Frucht – ist Maria mit ihrem Sohn zu erkennen. Aus dem Unscheinbaren kommt der Retter der Welt. Der klein begonnen hat in Betlehem und armselig gestorben ist, wird kommen und „sich auf den Thron seiner Herrlichkeit setzen" (Mt 25,31). Dann werden die Mächtigen und Gewaltherrscher verstummen, und er wird sich der Kleinen und Geringen annehmen.

Auch das Bild des *Schlüssels* geht auf die Schriften des Jesaja zurück. Das Königshaus Davids musste in seiner wechselvollen Geschichte erleben, dass es von Feinden umzingelt wie in einem Kerker saß. Doch es gab Hoffnung, dass einer kommen werde, um mit seinem Schlüssel das Tor des Verlieses zu öffnen und die Gefangenen in die Freiheit zu führen. In Jesus ist der Ersehnte gekommen, hat das Gefängnis der Sünde und des Todes aufgeschlossen und allen den Zugang zum Vater geöffnet. War damals die Ankunft verborgen, so wird sie einmal allen offenbar. Dann wird er endgültig die Gefängnisse öffnen, die Folterstätten aufbrechen, Flüchtlingen, Asylsuchenden und allen, die kein Dach über dem Kopf haben, für immer eine Heimat geben. Auch die, die in sich selbst verschlossen sind, gefangen in Süchten, verstrickt in Schuld, wird er aus ihrem Elend herausführen.

Mit dem *Aufgang* seines Lichtes erleuchtet er die Dunkelheiten, denn er hat Macht über alle Finsternisse, sogar über den Tod. In Jesu Geburt ist das Licht in die dunkle Welt eingebrochen. Doch lastet auch noch Finsternis auf der Erde. Erst dann, wenn er wiederkommt, hat das Dunkel ein Ende. Er erscheint, „um allen zu leuchten, die in Finsternis sitzen und im Schatten des Todes" (Lk 1,79).

In Erwartung ruft die Christenheit den *König* an, der anders handelt als die Mächtigen der Welt. Er eint, wo alles zerrissen ist in Familien, Völkern und selbst in den Kirchen. Dieser König kann das Getrennte wieder zusammenfügen und in sein Reich führen: „in das Reich der Gerechtigkeit, der Liebe und des Friedens" (Präfation vom Königtum Christi). Er ist nicht der Ferne und Unnahbare, sondern einer, der den Menschen immer und überall nahe ist.

Dies wird besonders in der letzten der O-Antiphonen deutlich, die Höhepunkt und Krönung der sieben adventlichen Rufe ist, in der der Kommende als Immanuel – „Gott mit uns" – bezeichnet wird. Wiederum hat Jesaja, der adventliche Prophet, auf die Geburt eines Kindes hingewiesen, in dem Gott den Menschen nahe ist wie in keinem anderen: „Seht, die Jungfrau wird ein Kind empfangen, sie wird einen Sohn gebären, und sie wird ihm den Namen Immanuel (Gott mit uns) geben (Jes 7,14). Der Name des Kindes ist zugleich sein Programm. Im Matthäus-Evangelium zitiert der Schreiber ausdrücklich diese Stelle und sagt so, dass der Neugeborene mehr als ein Prophet oder einer der Großen des Volkes ist. In ihm ist Gott der Welt ganz nahe. Er ist allen in Schuld Gefallenen nicht fern, er erlöst sie durch sein Sterben und gibt so einem jeden neue Hoffnung. Er wird sein eigenes Geschöpf mit allen Konsequenzen, selbst dem Tod.

Der Immanuel – „Gott mit uns“ – ist die letzte und größte Hoffnung. Wenn er kommt, hat sich der Advent erfüllt und geht über in das große Fest, in die unendliche Freude.

Unterwegs in unserer Welt

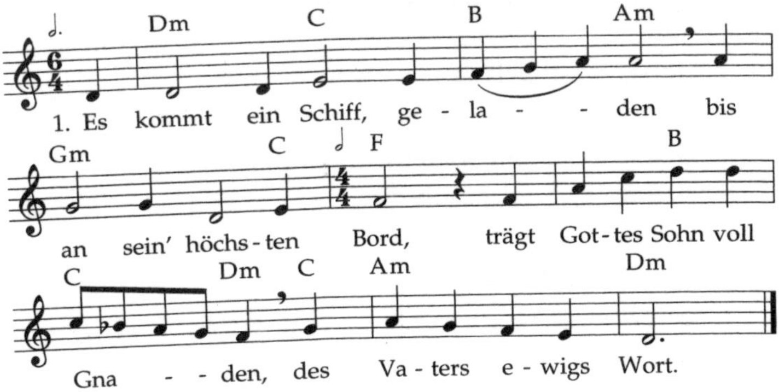

2. Das Schiff geht still im Triebe,
es trägt ein teure Last;
das Segel ist die Liebe,
der Heilig Geist der Mast.

3. Der Anker haft' auf Erden,
da ist das Schiff am Land.
Das Wort will Fleisch uns werden,
der Sohn ist uns gesandt.

4. Zu Betlehem geboren
im Stall ein Kindelein,
gibt sich für uns verloren:
Gelobet muss es sein.

→

5. Und wer dies Kind mit Freuden
umfangen, küssen will,
muss vorher mit ihm leiden
groß Pein und Marter viel,

6. danach mit ihm auch sterben
und geistlich auferstehn,
das ewig Leben erben,
wie an ihm ist geschehn.

7. Maria, Gottes Mutter,
gelobet musst du sein.
Jesus ist unser Bruder,
das liebe Kindelein.

T: Elsass 15. Jh., bearbeitet von Daniel Sudermann um 1626
M: Andernacher Gesangbuch, Köln 1608

Unter den zahlreichen Adventsliedern aus den unterschiedlichen Zeiten zeichnet sich das Lied „Es kommt ein Schiff, geladen" durch seine besondere Innigkeit aus. Es ist im späteren Mittelalter entstanden und wurde zunächst als Marienlied bekannt. Anfang des 17. Jahrhunderts wurde der ursprüngliche Text in Straßburg von dem dort lebenden Mystiker Daniel Sudermann in dem Kloster entdeckt, in dem am 16. Juni 1361 der bekannte Dominikaner und Mystiker Johannes Tauler gestorben ist. Mit letzter Sicherheit lässt sich nicht sagen, ob Tauler der Verfasser ist. Jedoch finden sich Gedanken aus dem Schrifttum des spätmittelalterlichen Mystikers im Liedtext wieder. Sudermann bearbeitete die Vorlage, und aus dem Marienlied wurde ein adventlich-weihnachtlicher Gesang.

Die Melodie des Liedes findet sich zum ersten Mal 1608 wie so manche andere im „Andernacher Gesangbuch“. Jedoch erst Mitte des 19. Jahrhunderts wurde sie mit diesem Text verbunden. Gerade die Melodie deutet in eindringlicher Weise die Worte. Man spürt geradezu, wie ein Schiff durch die Wellen gleitend sich dem Ufer nähert. Während der erste Teil der Melodie besinnlich verläuft, kommt im zweiten Teil Bewegung, Freude, sogar Jubel auf.

Der Text ist eine Meditation über das Geheimnis der Menschwerdung Gottes. Es wird hier eine Theologie deutlich, die sich in der Bildersprache der Mystik ausdrückt. Dem Menschen unserer Tage mag sie zunächst ungewohnt sein, doch gerade in der Stille, zu der der Advent führen will, kann ein solcher Text einem jeden eine tiefe innere Freude über das Geschehen, von dem die sieben Strophen sprechen, erschließen.

Das Bild von einem weihnachtlichen Schiff für die Menschwerdung Gottes ist ungewohnt. Es findet sich weder in der Heiligen Schrift, in der Theologie und der Volksfrömmigkeit noch in weihnachtlichen Bräuchen. Am Oberrhein, wo dieser Text entstanden ist, wird der Schreiber die Erfahrung gemacht haben, wie der Fluss von Schiffen befahren wurde und Fähren Menschen und Güter von einem Ufer an das andere trugen. Wie ein solches Schiff von einem Ufer an das andere fährt, so ist der Sohn Gottes auf dem Weg von der Herrlichkeit des Vaters in die gefallene Welt gekommen. Die kostbare Last an Bord ist nicht nur etwas, was Menschen erfreut, es ist das Wort des Vaters, Gottes Sohn.

Auf ihn wendet die Kirche einen Vers aus der Weisheitsliteratur des Alten Testaments an: „Als tiefes Schweigen das All umfing und die Nacht bis zur Mitte gelangt war, da sprang dein allmächtiges Wort vom Himmel, vom königlichen Thron herab“ (Weish 18,14 f.). Wie ein Segel das Schiff auf dem Wasser in Bewegung bringt, so ist es die unendliche Liebe Gottes, die den Sohn zu den Menschen trägt. Berge von Geschenken auf den Gabentischen können Menschen letztlich nicht froh machen, wenn ihnen das eigentliche Geschenk Gottes, sein Sohn, fehlt. Der Heilige Geist, der hier als Mast bezeichnet wird, bewirkt, dass der Sohn Gottes in die Welt eintreten kann.

Das Weihnachtsschiff wirft am Ufer „auf Erden" Anker. Es ist nun am Ziel. Unter diesem Bild sieht das Lied die Geburt des Gottessohnes, die so oft dargestellt, beschrieben und besungen wird. Alles kreist um die Aussage aus dem Prolog des Johannes-Evangeliums: „Und das Wort ist Fleisch geworden und hat unter uns gewohnt" (Joh 1,14). Wenn es auch äußerlich nicht immer erkennbar ist, so ist die Welt, in die Jesus Christus gekommen ist, doch eine ganz andere geworden trotz aller Kriege und terroristischer Anschläge, trotz vieler Unvollkommenheiten und allen menschlichen Versagens. Gott hat seinen Sohn gesandt und dadurch gezeigt, wie er die Welt liebt. Das schenkt allen, die glauben, Hoffnung.

Der Dichter verlässt nun das Bild und spricht von der Geburt des Kindes in Betlehem. Der Stall, in dem Jesus zur Welt kommt, ist Zeichen für die große Armut. Der Herr gibt sich verloren, um die Menschen zu erlösen, wie es der zweite Brief des Apostels Paulus an die Korinther sagt: „Er, der reich war, wurde euretwegen arm, um euch durch seine Armut reich zu machen" (2 Kor 8,9). Auf diese Liebe Gottes muss der Mensch in seinem Leben eine Antwort geben. Das weihnachtliche Geheimnis von der Menschwerdung Gottes ist ja erst der Beginn. Aus dem lieblichen Kind wird der Mann von Nazaret, der leidet und sein Leben für die Menschen hingibt. Oft sehen diejenigen, die sich auf das Weihnachtsfest freuen, nur das Kind. Doch wer zu dieser Freude seiner Geburt Ja sagt, muss zugleich bereit sein zur Nachfolge, die auch mit ihm leidet. Wer das Kind in der Krippe anbetet, muss wie Jesus von Nazaret selber den Tod auf sich nehmen, der wird aber ebenso wie er vom Tod zum Leben auferstehen und dieses Leben für immer erben.

Das Lied, ganz vom Gedanken der christlichen Mystik geprägt, macht deutlich: Nur derjenige, der mit dem Sohn Gottes leidet und sogar bereit ist, mit ihm zu sterben, wird neu geboren werden und zum Leben erweckt. Weihnachten ist nicht nur ein romantisches Fest für die Glücklichen, sondern vor allen Dingen ein Fest der Hoffnung für die Kranken, die Leidenden, die Gebeugten und die Trauernden. Es ist der Beginn des Christusereignisses in unserer Zeit und in meinem Leben. Von dem, was der Dichter Angelus Silesius in seinem „Cherubinischen Wandersmann" geschrieben hat, davon gibt auch dieses Lied Zeugnis: „Wäre Christus in Betlehem auch tausend Mal geboren, aber nicht in dir, du wärest ewig verloren."

Die letzte Strophe wendet sich an Maria, die Mutter Jesu. Diese Liedstrophe entstammt wahrscheinlich der älteren Textfassung, dem Marienlied. Im Leben dieser Frau ist das verwirklicht, von dem die vorausgehenden Strophen künden. Sie hat nicht nur ihr Ja zum Heilsplan Gottes in Nazaret gesagt, sie hat nicht nur in Betlehem das Kind zur Welt gebracht, sie stand auch unter dem Kreuz ihres Sohnes und wurde für immer verherrlicht. Die Christenheit ruft Maria an und singt ihr Lob; denn das Kind, das ihr Leib getragen hat, ist Bruder aller Menschen geworden.

Seine Ankunft, unsere Hoffnung

2. Denn es ging dir zu Herzen sehr,
da wir gefangen waren schwer
und sollten gar des Todes sein;
drum nahm er auf sich Schuld und Pein.

3. Da sich die Welt zum Abend wandt,
der Bräutgam Christus ward gesandt.
Aus seiner Mutter Kämmerlein
ging er hervor als klarer Schein.

4. Gezeigt hat er sein' groß Gewalt,
dass es in aller Welt erschallt,
sich beugen müssen alle Knie
im Himmel und auf Erden hie.

5. Wir bitten dich, o heilger Christ,
der du zukünftig Richter bist,
lehr uns zuvor dein' Willen tun
und an dem Glauben nehmen zu.

6. Lob, Preis sei, Vater, deiner Kraft
und deinem Sohn, der all Ding schafft,
dem heilgen Tröster auch zugleich
so hier wie dort im Himmelreich.
Amen.

T: „Conditor alme siderum" 10. Jh.
Übertragung Thomas Müntzer 1523/AÖL 1982
M: Kempten um 1000

Manche unserer Kirchenlieder gehen zurück auf Hymnen, die im Stundengebet in den Klöstern Verwendung fanden, etwa das bekannte Pfingstlied „Komm, Heilger Geist, der Leben schafft" („Veni Creator Spiritus"). Auch das Adventslied „Gott, heilger Schöpfer aller Stern" ist eine Übersetzung des Vesperhymnus in der Adventszeit „Conditor alme siderum", der im 10. Jahrhundert entstanden ist. Die Melodie findet sich schon im ältesten Hymnar aus Kempten und ist etwa um die gleiche Zeit entstanden. Die deutsche Übersetzung geht auf den Reformator Thomas Müntzer zurück, der das lateinische Stundengebet gegen den Willen Martin Luthers in großen Teilen in die deutsche Sprache übersetzt hat, wobei er die alten Melodien des gregorianischen Chorals beibehielt. Auch in das katholische Gesangbuch von Johann Leisentritt wurde einige Jahrzehnte später die Übersetzung Müntzers aus dem Jahr 1523 übernommen. Bis in unsere Tage ist dieser Gesang fast unverändert erhalten geblieben.

Die Choralmelodie, die im Advent auch für andere Texte Verwendung findet, etwa für den Hymnus „Te lucis ante terminum" – „Bevor des Tages Licht vergeht" in der Komplet, dem kirchlichen Nachtgebet, vermittelt die erwartungsvolle Stimmung auf die Ankunft des Erlösers, auf die der Text eingeht. Wie andere adventliche Lieder spricht auch dieser Gesang vom gesamten Heilsereignis, von Christi Geburt bis zu seinem Wirken als Richter der Welt bei seiner Wiederkunft. Das Lied schließt wie viele der alten Hymnen mit dem Preisgesang auf den dreieinigen Gott.

Indem der Verfasser gleich zu Beginn von der Schöpfung spricht, macht er deutlich, dass Gott das von ihm Erschaffene, vor allen Dingen den Menschen, zur Vollendung führen wollte. Sterne haben immer eine ganz besondere Bedeutung, sind sie doch Zeichen für das Kommende, das Neue: Gott führt seinen Knecht Abraham, den Stammvater des auserwählten Volkes, in die Nacht, zeigt ihm die Sterne am Himmel und schenkt ihm die Verheißung, dass seine Nachkommenschaft so zahlreich sein werde wie die Sterne am Himmel. In der Verheißung des Sehers Bileam, eines Heiden, wird einer als „Stern in Jakob aufgehen" (vgl. Num 24,17), womit zunächst wohl der spätere König David gemeint ist, letztlich aber der Messias, der Nachkomme Davids. Zu Beginn der neuen Zeit, die mit der Geburt Christi angebrochen ist, folgen die Magier, Vertreter fremder Völker, einem Stern, der sie zum Ziel, zum „neugeborenen König der Juden“ (Mt 2,2) führt.

Heute sind in der Zeit um Weihnachten Sterne besonders häufig zu sehen. Sie gelten weitgehend als Weihnachtsdekoration. Seltener erinnert sich noch jemand an ihre tiefere Symbolik.

Wenn der Vater des Täufers, der Priester Zacharias, in seinem Preislied, dem „Benedictus“, davon singt, dass „das aufstrahlende Licht aus der Höhe“ aufgegangen ist, „um allen zu leuchten, die in Finsternis sitzen und im Schatten des Todes“ (Lk 1,78 f.), spricht er den Gottfernen Hoffnung zu. Wenn Gottes Licht in ihre dunkle Welt einbricht, werden sie den erkennen, den der Vater gesandt hat und der Mensch geworden ist.

Vielleicht ist noch eine ganz schwache Ahnung von dieser Verheißung da, wenn man an die Fülle von Licht denkt, mit dem in den Wochen vor Weihnachten und am Fest selbst Stimmung erzeugt werden soll. Doch die Fülle dieser Lichter, die heute auf Menschen eindringt, lässt sie das wahre Licht, das in die dunkle Welt gekommen ist, nicht mehr erkennen. Die Erleuchtung durch den Schöpfer macht alle, die fern sind, dazu fähig, die Liebe des Menschgewordenen zu erfahren.

Weil Gott das Heil eines jeden am Herzen liegt, hat er Mitleid mit ihm und schenkt Erbarmen. Von der Ursünde bis in unsere Tage hinein bestimmt immer wieder Schuld das Leben und kann es sogar vernichten. Weil es aber niemandem möglich ist, sich allein aus eigener Kraft von der Sünde zu lösen, ist Gott Mensch geworden. Er ist selbst in das Gefängnis der Schuld, der Angst und der Verzweiflung gegangen und sogar „hinabgestiegen in das Reich des Todes", wie wir im Credo bekennen, um für einen jeden ewiges Leben zu erwerben. Das Lied spricht von den Dunkelheiten der Leiden und des Todes Jesu, wie es musikalisch Johann Sebastian Bach gezeigt hat, wenn er sein „Weihnachtsoratorium" mit einem Choral beschließt, in dem schon die Melodie des Passionsliedes „O Haupt voll Blut und Wunden" anklingt. Inkarnation und Passion bilden im Heilswerk Jesu eine Einheit.

Noch einmal wird auf den Beginn hingewiesen: Als am Abend der Welt alles in Dunkelheit zu versinken droht, da geht dieses Licht auf in Christus. Er kommt unter dem Bild des Bräutigams und geht aus dem Leib seiner Mutter hervor, um alles zu erleuchten. Hier wird nicht die Geburt des Kindes, das in einer Krippe liegt, erwähnt, wie wir es gewohnt sind; dafür wird auf den Bräutigam verwiesen, der zu den Seinen kommt.

Auch die folgende Strophe führt diesen Gedanken fort, wenn sie nicht auf die Verborgenheit und Armut Jesu auf Erden eingeht, sondern schon einen Blick auf die Zukunft wirft, in der er seine Macht in der Herrlichkeit als König angetreten hat. Was so klein begonnen hat, als er „aus seiner Mutter Kämmerlein" hervorging, das wird nach seinem Leiden in Herrlichkeit übergehen.

Die Gemeinde richtet sich im Gebet an den, der einmal ihr Richter sein wird. Für das Gericht bereiten sich die Glaubenden vor, wenn sie versuchen, seinen Weisungen zu folgen, die er sie gelehrt hat. Dabei sollen sie ihm, der Mensch geworden und für sie gestorben ist, gläubig vertrauen. Wer sich müht, nach seinem Willen zu leben und immer tiefer an ihn zu glauben, den wird er am Ende aus dem Gericht retten.

In diesem adventlichen Hymnus ist knapp und doch eindringlich das gesamte Heilswerk Gottes dargestellt. Von der Schöpfung bis zum Endgericht steht alles unter seiner unendlichen Liebe. Welche bessere Antwort könnte die Gemeinde darauf geben, als in der letzten Strophe den Lobgesang des dreieinigen Gottes anzustimmen!

Bitte an die Mutter des Erlösers

2. Ein Staunen die Natur erfasst,
dass du den Herrn geboren hast,
den Herrn und Schöpfer aller Welt,
der dich erschaffen und erwählt.

3. So trat der Engel bei dir ein:
„Gegrüßet seist du, Jungfrau rein."
„Ave Maria", singen wir,
„sei benedeit, Gott ist mit dir."

4. O Mutter, reich an Güt und Huld,
erbarme dich: Wir sind in Schuld.
Steh du uns bei an Gottes Thron
und zeig uns Jesus, deinen Sohn.

T: Maria Luise Thurmair 1969, nach dem
„Alma-Redemptoris-Mater"-Lied
von Franz Josef Weinzierl 1816
M: Speyerer Gesangbuch, Köln 1599

Maria, die Mutter des Herrn, steht nicht nur von allen Menschen ihrem Sohn am nächsten, sie hat auch für das Leben der Kirche eine besondere Bedeutung. Vor allem die Kindheitsgeschichte Jesu, wie sie das Matthäus- und das Lukas-Evangelium überliefern, berichten die Ereignisse um Jesu Geburt und machen die Stellung der Mutter im Heilsplan Gottes deutlich. In liturgischen Feiern, in der Volksfrömmigkeit und in der Kunst haben sie ihren Niederschlag gefunden.

Auch zahlreiche Lieder ihr zur Ehre geben davon Zeugnis. So wird die Vesper oder auch die Komplet, die Gebetszeit gegen Abend und vor Beginn der Nachtruhe, mit einer marianischen Schlussantiphon beendet. Sie wechseln nach den einzelnen liturgischen Festzeiten. Im Advent und in der Weihnachtszeit wird die Antiphon „Alma Redemptoris Mater", in der österlichen Bußzeit das „Ave Regina caelorum" und in der Osterzeit das „Regina caeli, laetare" gesungen. Die bekannteste und am häufigsten gesungene Marienantiphon ist das „Salve Regina", das in den nicht geprägten Zeiten während des Kirchenjahres die Vesper und Komplet beschließt. Drei dieser Gesänge sind inhaltlich in die deutsche Sprache übertragen worden und haben neue Melodien erhalten. Es sind die Gesänge „Maria, Mutter unseres Herrn", der österliche Lobpreis auf die Gottesmutter „Freu dich, du Himmelskönigin" und das Marienlied „Gegrüßet seist du, Königin". Die marianischen Antiphonen finden sich heute also nicht nur im klösterlichen Bereich und im Gebetsleben der Kleriker, sie sind zu einem festen Bestandteil der christlichen Volksfrömmigkeit geworden und werden an Marienfesten, häufig aber auch am Schluss der sonntäglichen Gottesdienste, von den Gemeinden und vor allen Dingen bei Wallfahrten zu Marienwallfahrtsorten gesungen.

Die adventlich-weihnachtliche Antiphon „Alma Redemptoris Mater" wird Hermann dem Lahmen, einem Benediktinermönch, der an der Wende vom ersten zum zweiten Jahrtausend auf der Insel Reichenau im Bodensee lebte, zugeschrieben. Franz Josef Weinzierl, Domprediger in Regensburg, nahm den lateinischen Text als Grundlage und schuf daraus 1816 ein deutsches Kirchenlied, dessen erste Zeile mit den Worten beginnt: „Erhabne Mutter unseres Herrn". Die Melodie dieses Liedes steht im „Speyerer Gesangbuch" aus dem Jahr 1599. Sie wurde erst um die Mitte des 19. Jahrhunderts mit dem Weinzierl'schen Text verbunden. Bis auf kleine Änderungen ist sie bis in die heutige Zeit erhalten. Bei der Entstehung des katholischen Gebet- und Gesangbuches „Gotteslob" wurde der Text von Maria Luise Thurmair, die eine Reihe von

Kirchenliedern geschrieben hat, neu gefasst und beginnt jetzt mit den Worten: „Maria, Mutter unsres Herrn".

Maria ist die Gottesmutter, wie sie schon früh das Konzil von Ephesus benannte. Es ist der wichtigste Titel, den die Kirche der Mutter des Herrn gegeben hat. Alle anderen, wie sie etwa die Lauretanische Litanei kennt, sind Entfaltungen dieser besonderen Bezeichnung. Die beiden Anrufungen „Himmelspfort" und „Meeresstern" für Maria lassen die adventliche Hoffnung der Christenheit anklingen. Maria ist die Pforte für den Sohn Gottes, der in diese Welt gekommen ist. Durch sie und ihre Fürbitte gehen auch wir einmal in die Vollendung bei Gott ein. In einer Reihe von Liedern wird Christus selbst als Stern oder Morgenstern bezeichnet. Hier ist es Maria, die als leuchtender Stern in dunkler Nacht den nahenden Morgen ankündigt, wenn Christus als die Sonne, die allen das Leben schenkt, erscheint. Die Mutter Jesu wird von der Kirche um Fürsprache angerufen. Auf der Pilgerfahrt durch das Leben wird diejenige angefleht, die selber den Weg durch die Zeit gegangen ist, die aber nun am Ziel angelangt ist.

Das Geheimnis: Gott ist Mensch geworden, lässt sich nur erahnen oder in Bilder kleiden, nicht aber mit dem Verstand erschließen. Auch die größten Theologen wie Anselm von Canterbury in seiner Schrift „Cur deus homo" – „Warum wurde Gott Mensch?" können letztlich keine alle zufrieden stellende Antwort geben. Der Mensch kann das Geheimnis nur mit den Augen des Glaubens erfahren. Die Natur, die Werk Gottes ist, staunt darüber, dass der Schöpfer selbst Mensch geworden ist. Maria, ein Geschöpf, hat den Schöpfer als Mensch zur Welt gebracht. Es ist die Wahl Gottes, nicht ihr eigener Verdienst, dass sie Mutter des Messias geworden ist. Jede Form der Verehrung muss deshalb zu einem Lob des allmächtigen Gottes werden, der ihr Schöpfer ist und der sie aus allen Menschen für diese Aufgabe erwählt und zu seinem Werkzeug gemacht hat.

Erinnert wird an die Stunde von Nazaret, als der Engel Gabriel ihr die Kunde brachte, wie Lukas in seinem Evangelium berichtet. Der Bote Gottes begrüßt sie und bringt ihr die Botschaft, dass sie die Mutter des Messias werden soll. Und sie gibt ihr Einverständnis, erklärt sich zu allem bereit, was Gott mit ihr vorhat. Indem sie darauf hinweist, dass sie die Magd des Herrn ist, stellt sie sich ihm ganz zur Verfügung. In diesem Gruß des Engels stimmt die Kirche zu allen Zeiten ein, indem sie Maria mit den gleichen Worten grüßt, wie es damals in Nazaret geschah. Kein Gebet an die Mutter Jesu ist so verbreitet wie das „Ave Maria", dessen erster Teil aus der Verkündigung durch den Engel Gabriel besteht. Deshalb ist dieses Gebet, mit dem Christen sich immer wieder an die Mutter des Herrn wenden, zugleich ein Dank an Gott, der seinen Sohn zum Heil der Menschheit gesandt hat.

Noch einmal wird im Lied Maria, die Mutter Jesu, angesprochen. Weil er der Bruder aller geworden ist, ist sie die Mutter der Menschen. Ihr wird Güte und Huld zugesprochen wie den hohen Frauen im Mittelalter zur Zeit der Minne. Vor allen Dingen aber ist es Erbarmen, das Menschen von Gott erhoffen und das sie durch ihre Fürsprache vermittelt.

Eines der bewegendsten Marienbilder der Welt ist eine russische Ikone, die den Titel trägt: „Mutter des Erbarmens“. Zu dieser Frau, die in dem Bildnis dargestellt ist, nahmen die Bedrängten und Unterdrückten, die Schuldiggewordenen, Gefangenen und Gefolterten gerade in der Zeit, als Christen über 70 Jahre lang in Russland unterdrückt und verfolgt wurden, ihre Zuflucht. Dieses Bild, das sich in zahlreichen Kopien in orthodoxen Kirchen und Wohnungen findet, wird auch heute hoch verehrt. Der Sünder bittet die Sündenlose um Erbarmen. Weil sie nach ihrem irdischen Leben verherrlicht wurde und für immer bei Gott ist, wie die Kirche bekennt, deshalb bittet Maria an Gottes Thron für alle, die in ihrem Leben noch auf dem Weg sind.

Wie in der bekannten marianischen Antiphon „Salve Regina" die Bitte steht, dass die Mutter des Herrn den Menschen die Frucht ihres Leibes, ihren Sohn Jesus, zeige, so endet auch dieses Lied mit dem gleichen Wunsch. Es schließt nicht mit ihrem Lob, sondern mit dem Hinweis auf ihn, den sie zur Welt gebracht hat. In ihrem irdischen Leben war sie die Magd des Herrn, in ihrer Vollendung übt sie den Dienst an den Menschen aus, denen sie denjenigen zeigt, der nicht nur ihr Ziel war, sondern das Heil aller ist, die unterwegs sind.

Für uns Menschen vom Himmel gekommen

2. Des ewgen Vaters einig Kind
jetzt man in der Krippe findt;
in unser armes Fleisch und Blut
verkleidet sich das ewig Gut.
Kyrieleis.

3. Den aller Welt Kreis nie beschloss,
der liegt in Marien Schoß;
er ist ein Kindlein worden klein,
der alle Ding erhält allein.
Kyrieleis.

→

4. Das ewig Licht geht da herein,
gibt der Welt ein' neuen Schein;
es leucht' wohl mitten in der Nacht
und uns zu Lichtes Kindern macht.
Kyrieleis.

5. Der Sohn des Vaters, Gott von Art,
ein Gast in der Welt hie ward
und führt uns aus dem Jammertal,
macht uns zu Erben in sein'm Saal.
Kyrieleis.

6. Er ist auf Erden kommen arm,
dass er unser sich erbarm
und in dem Himmel mache reich
und seinen lieben Engeln gleich.
Kyrieleis.

7. Das hat er alles uns getan,
sein groß Lieb zu zeigen an.
Des freu sich alle Christenheit
und dank ihm des in Ewigkeit.
Kyrieleis.

T: Medingen bei Lüneburg um 1380; Str. 2–7 Martin Luther 1524
M: Medingen um 1460 / Wittenberg 1524

Manche unserer deutschen Kirchenlieder stammen aus vorreformatorischer Zeit. Einige sind eingedeutschte lateinische Hymnen, andere wurden im ausgehenden Mittelalter als deutsche Lieder neu geschaffen, die „Leisen", so genannt, weil die Strophen mit dem Kyrieleis schließen. Der bekannteste dieser Gesänge ist das Osterlied „Christ ist erstanden". Auch der pfingstliche Gesang „Nun bitten wir den Heiligen Geist", der in den beiden großen Kirchen heute noch gesungen wird und den man Berthold von Regensburg im 13. Jahrhundert zuschreibt, ist dafür ein Beispiel. Die erste Strophe des Weihnachtsliedes „Gelobet seist du, Jesu Christ" gehört ebenfalls in diese Reihe. Das älteste Zeugnis dieses Liedes ist eine Handschrift aus dem Zisterzienserinnenkloster Medingen bei Lüneburg, die um das Jahr 1380 datiert wird. Die Strophe soll im Zusammenhang mit einer Weihnachtssequenz gesungen worden sein. Es wird vermutet, dass Martin Luther schon in seiner Jugend das „Gelobet seist du, Jesu Christ" kennen gelernt hat und später, was damals durchaus üblich war, weitere Strophen angefügt hat.

Wegen seiner theologischen Tiefe und großen Sprachkraft ist es eines der bekanntesten Lieder im evangelischen Raum und wird heute auch, besonders durch die Aufnahme in das „Gotteslob", in katholischen Gottesdiensten gesungen. Theologie und Dichtung bilden eine Einheit. Obgleich es eine gewisse Strenge zeigt, zählt es mit zu dem Schönsten, was ein Weihnachtslied über die Geburt des Herrn aussagt.

Die Melodie bildet mit dem Text eine wunderbare Einheit. Man hat sie ebenfalls im ehemaligen Kloster Medingen in einer Handschrift von 1460 entdeckt, wo sie in Neumen, das sind mittelalterliche Notenzeichen, niedergeschrieben ist. Bekannt geworden ist sie durch den Reformator Luther, der die erste Strophe und die von ihm hinzugefügten weiteren Strophen nach dieser Weise in Weihnachtsgottesdiensten singen ließ. Doch ist zu vermuten, dass man sie als „Leise" schon vorher gesungen hat.

Der Text verkündet wie viele andere Weihnachtslieder auch das Geheimnis vom Kommen Gottes in diese Welt. Das Lob des Gottessohnes wird wegen der Heilstat, die er an den Menschen getan hat, angestimmt. Das Lied ist gleichsam eine Entfaltung der Aussage im großen Glaubensbekenntnis, das die alten Konzilien überliefert haben: „Für uns Menschen und zu unserem Heil ist er vom Himmel herabgekommen." Dies ist auf geheimnisvolle, unserem menschlichen Verstand unzugängliche Weise geschehen von einer Jungfrau, wie es die Propheten verkünden und Christen zu allen Zeiten geglaubt haben. Als eine neue, gute Botschaft haben Engel, die Boten Gottes, sie zu den Hirten gebracht.

Vielleicht ist es uns zu selbstverständlich geworden, was wir hier feiern, dass der eingeborene Sohn „eines Wesens mit dem Vater", wie das Bekenntnis des Glaubens sagt, als Kind in einer Krippe liegt. Er hat damit das Menschsein ganz angenommen bis hin zur Vergänglichkeit und zum Sterben. Wenn es hier heißt, dass sich der Sohn Gottes in „Fleisch und Blut verkleidet", ist damit nicht gemeint, dass er nur in einem Scheinleib gekommen sei, in Wirklichkeit aber die menschliche Natur nicht besitze. In den ersten christlichen Jahrhunderten gab es immer wieder Streitigkeiten über die Frage, ob Jesus Christus wahrer Mensch und wahrer Gott sei. Auf den ersten Konzilien hat die kirchliche Gemeinschaft sich dazu bekannt, dass der Sohn Gottes die menschliche Natur voll und ganz angenommen hat. Der Begriff des „Verkleidens" darf hier nicht theologisch gepresst werden. Er ist eine dichterische Aussage, die die Menschwerdung Gottes umschreibt. Der Verfasser meditiert über das Geheimnis, indem er Gottheit und Menschheit Jesu gegenüberstellt. Derjenige, der über dem Weltall steht, weil er sein Schöpfer ist, begibt sich in den Schoß einer Frau, die ihm das menschliche Leben schenkt, ein Geschöpf seinem Schöpfer. Der alles in seinen Händen hält, wurde ein hilfloses Kind. In diesen Worten ist gerade das Staunen und das Stammeln darüber zu spüren, dass der unendliche Gott Mensch wurde. Dadurch hat Gott all das Belastende, die Erbärmlichkeit und die Schwäche des Menschen angenommen bis zu seinem

Kreuzestod, wie es Paulus im Christushymnus des Philipperbriefes ausdrückt (vgl. Phil 2,7 f.).

Was hier ausgesagt werden soll, kann nur in Bildern seinen Ausdruck finden. So wird der Neugeborene als Licht bezeichnet, das die Welt mit seinen Strahlen erleuchtet. Manche Bilder von der Geburt Jesu haben als einzige Lichtquelle, die die Gesichter der Menschen, die Gestalten und die Landschaft erleuchtet, das Kind in der Krippe. Es schenkt allem sein Licht. In der von Kriegen und Terror zerrissenen Welt erleuchtet dieses Licht Christi selbst diejenigen, die sich auf vielfältige Weise an ihren Mitmenschen, den anderen Mitgeschöpfen und der Natur versündigt haben, und bewirkt auch in ihnen etwas völlig Neues. Die Nacht der Sünde, unter der die Welt stöhnt, wird erhellt durch das Licht der Geburt Jesu. Aus Verlorenen werden Heimkehrende zu Gott und aus denen, die Werke der Finsternis tun, solche, die im Licht leben, weil Gottes Sohn die Menschheit „aus der Finsternis in sein wunderbares Licht gerufen hat“ (1 Petr 2,9). So sind aus denen, die bisher durch ihre Werke der Dunkelheit dienten, Kinder des Lichts geworden.

Noch einige andere Bilder machen das Geheimnis der Menschwerdung Gottes auf Erden deutlich. So spricht die fünfte Strophe davon, dass Gottes Sohn als Gast gekommen ist. Der Gast sucht Aufnahme und Wärme. Im Prolog des Johannes-Evangeliums heißt es: „Er kam in sein Eigentum, aber die Seinen nahmen ihn nicht auf“ (Joh 1,11). Die Schöpfung verweigert sich ihrem Schöpfer. „In der Herberge war kein Platz für sie“ (vgl. Lk 2,7). Mit dieser lapidaren Feststellung macht das Lukas-Evangelium deutlich, wie Menschen sich Gott verweigern. Würde ich ihm Gastfreundschaft gewähren oder mich ihm verschließen?

Er ist gekommen, um die Menschheit aus ihrem Elend, aus dem „Jammertal“ in den „Himmelssaal“ zu führen. Bei aller Freude über die Welt und das, was das irdische Leben schenkt, trotz allen Fortschritts unserer Tage ist unendlich viel Leid in der Welt und im einzelnen Leben. Die Gequälten, die Armen, die trostlos Trauernden und die Abgeschriebenen will er als Erben teilnehmen lassen an seiner Herrlichkeit.

Noch einmal geht es um den Gegensatz Arm und Reich. Der selber die Armut der Krippe angenommen hat, man könnte konsequent hinzufügen: und die des Kreuzes, hat aller Welt sein Erbarmen gezeigt. Jeder ist berufen, für immer reich zu werden in Gemeinschaft mit ihm und seinen Engeln in der Ewigkeit.

In der letzten Strophe blickt die Gemeinde noch einmal zurück auf das Heilswerk, das der Herr aus unendlicher Liebe an den Seinen getan hat. Sie kann nur in Dankbarkeit und Freude vor ihm stehen, ihm bis in alle Ewigkeit singen.

Das Kyrieleis am Ende einer jeden Strophe ist wie ein Huldigungsruf und zugleich eine Bitte an den, der die Erlösung des Menschen bewirkt hat und nun für immer in der Herrlichkeit ist, die er auch den Seinen bereitet.

Blume aus Jesses Wurzel

2. Das Röslein, das ich meine,
davon Jesaja sagt,
ist Maria, die Reine,
die uns das Blümlein bracht.
Aus Gottes ewgem Rat
hat sie ein Kind geboren
und blieb doch reine Magd.

3. Das Blümelein so kleine,
das duftet uns so süß;
mit seinem hellen Scheine
vertreibt's die Finsternis,
wahr' Mensch und wahrer Gott,
hilft uns aus allem Leide,
rettet aus Sünd und Tod.

T: Mainz um 1587/88; Str. 3 bei Friedrich Layritz 1844
M: Speyerer Gesangbuch, Köln 1599

Der über tausendjährige Rosenstock an der Chorapsis des Hildesheimer Domes ist ein Symbol für das Leben, das sich immer wieder neu entfaltet; denn Jahr für Jahr treibt dieser Stock Knospen und Blüten und gibt so Zeugnis davon, dass es trotz der wechselvollen Zeiten, der Kriege und all der schrecklichen Ereignisse immer wieder einen neuen Anfang gibt. Auch die Zerstörungen des Zweiten Weltkriegs, die große Teile der alten Bischofsstadt und den Dom in Schutt und Asche legten, haben den Rosenstock nicht vernichtet.

Von einem Reis, das aus einer Wurzel hervorsprießt, singt eines der bekanntesten und beliebtesten Kirchenlieder. Es ist um das Jahr 1588 entstanden und wird im Mainzer Cantual als „alt Catholisch Trierisch Christliedlein" bezeichnet. Also wurde der Text des Liedes wohl in Trier, das in der Reformation katholisch geblieben war, geschrieben und wahrscheinlich auch bald nach der Melodie gesungen, die das „Speyerer Gesangbuch" von 1599 enthält. Schon 1610 findet sich in einer Sammlung der bekannte Satz des Komponisten Michael Praetorius. Das Lied, dem eine ganze Anzahl von Strophen, die die gesamte Weihnachtserzählung wiedergeben, hinzugefügt wurden, hat man später auf zwei Strophen gekürzt, denen dann 1844 durch Friedrich Layritz die uns heute bekannte dritte Strophe beigegeben wurde.

Dieses ursprünglich katholische Kirchenlied ist wie so viele andere auch, hier besonders durch den Praetorius-Satz, schon sehr früh zu einem Gemeingut beider Konfessionen im deutschsprachigen Raum geworden. Man kann es geradezu als ein weihnachtliches Volkslied bezeichnen. Jedoch hat es eine aus dem Mittelalter stammende Sprache mit Bildern, die stark mystische Elemente zeigen und deshalb dem modernen Menschen erst entschlüsselt werden müssen. Die Bilder, die teilweise aus dem Alten Testament stammen, sind in die mittelalterliche Welt übernommen und zum Teil mit ihr vermischt worden. Zudem handelt es sich um ein „Rätsellied", das die alten prophetischen Verheißungen aufnimmt, die das Rätsel lösen. Wie in manchen anderen Weihnachtsliedern auch wird hier die innige Verbindung der Mutter Jesu zu ihrem Sohn besonders herausgestellt.

Hintergrund ist die Weissagung des Jesaja, die in einer Anzahl von Advents- und Weihnachtsliedern anklingt: „Doch aus dem Baumstumpf Isais wächst ein Reis hervor, ein junger Trieb aus seinen Wurzeln bringt Frucht" (Jes 11,1). Wenn auch, als der Prophet diese Worte schrieb, im Volk Israel alles daniederlag, weil der assyrische König mit seinem Heer das, was sich ihm entgegenstellte, ausgerottet hatte, so würde im Volk ein neuer Herrscher auftreten, der mit einem Reis (hier: Ros, Rosenstock) verglichen wird, der dann aus der Wurzel Isais, des Vaters von König David, hervorgeht und Israel regiert. Der Stammbaum Jesu wird dem Matthäus-Evangelium vorangestellt. In ihm werden auch Isai und sein Sohn David aufgeführt. Als Letzte wird Maria genannt, von der es heißt: „Von ihr wurde Jesus geboren, der der Christus (der Messias) genannt wird" (Mt 1,16).

Im Lied hier ist der Stammbaum aus der Wurzel des Isai ein Rosenstock, der „das Blümlein" hervorbringt. Dass dies „mitten im kalten Winter" geschah, ist die Übertragung der Geburt Jesu in eine Jahreszeit und in eine Gegend, in der in Deutschland an der Feier des Geburtsfestes Jesu häufig große Kälte herrscht. Auch viele Krippendarstellungen sind in die Landschaft und in die Zeit übernommen, in der die Menschen jeweils leben und das Fest feiern. Selbst die Festlegung des Weihnachtsfestes auf den 25. Dezember ist nichts anderes als die Übernahme des römischen Feiertages des „unbesiegbaren Sonnengottes". All dies macht deutlich, wie der Sohn Gottes für alle Menschen zu allen Zeiten Fleisch angenommen hat, um sie zu erlösen.

In der zweiten Strophe wird das Rätsel aufgelöst. Der Rosenstock ist Maria. Manche glauben, dass das „meinen" auch mit „minne" übersetzt werden könne. Die Marienminne spielt ja gerade im ausgehenden Mittelalter eine große Rolle und mag auch noch hundert Jahre später den Dichter dieses Liedes beeinflusst haben. Das Blümlein, das Gotteskind, ist aus einer Jungfrau hervorgegangen, die sich selber bei der Verkündigung durch den Engel als „Magd des Herrn“ bezeichnet hat. Allein Gottes Ratschluss hat bewirkt, dass sein Sohn zur Welt kam. Nur dem Glaubenden offenbart sich das Geheimnis der Liebe des Vaters, dass aus einer Jungfrau ein Kind geboren wurde.

Die letzte Strophe des Liedes sieht Jesus als das duftende „Blümelein“. Durch seinen Duft bringt es der Welt neues Leben und einem jeden Gottes unendliche Liebe nahe. Auch das Licht, das von ihm ausgeht, vertreibt die Dunkelheiten, die sich immer wieder in die Herzen der Menschen schleichen. Wer auch nur anfanghaft spürt, dass all das, was jeden belastet und sein Leben verdunkelt, durch das Licht des Neugeborenen und des Auferstandenen, der selber die Nacht der Angst, der Leiden und des Todes getragen hat, erleuchtet wird, der wird nicht in der Finsternis untergehen. Der Neutestamentler Heinrich Schlier hat dazu in einer Meditation aus dem Jahr 1977 den Weg gewiesen: „Gottes Herrlichkeit über sich kommen zu lassen, davon zu leben, dass Gott in Jesus Christus uns wieder ansieht und annimmt. Nicht an das eigene Licht glauben, sondern sich dem Licht, das von Jesus Christus her aus dem Evangelium strahlt, anvertrauen“ (H. Schlier, Er ist das Licht, Freiburg [2]1978, S. 39).

Der Abschluss des Liedes ist ein Bekenntnis zu dem, der wahrer Mensch und wahrer Gott ist, wie die Kirche lehrt. Ihn rufen Beter an, dass sie nicht in dem Leid, das auf ihnen lastet, versinken. Sie dürfen daran glauben, dass er der Retter ist, auch dann, wenn Menschen um ihre Sünden wissen und sich vom Tod bedroht fühlen.

Das Lied ist Dichtung und Glaubenszeugnis zugleich: Maria, die Gottesmutter, unter dem Bild des Rosenstocks, ist Werkzeug für den, der Mensch geworden ist und die Welt erlöst hat. In dem biblischen Bild von der Wurzel, aus dem Rosenstock und schließlich die Blüte hervorgehen, wird das ausgesagt, was sich dem kritischen Verstand entzieht, was aber das Herz anspricht.

Dazu trägt die getragene Melodie bei, die den weihnachtlichen Text in Musik bringt. Dichtung und Musik verbinden sich hier zu einer harmonischen Einheit. Die Bilder des Textes werden durch die Melodie besonders eindrucksvoll dargestellt. Das Lied spricht das Innere des Menschen an. Älter noch als der tausendjährige Rosenstock am Hildesheimer Dom, der Jahr für Jahr Blüten trägt, ist die Botschaft von der Wurzel, aus der ein Reis hervorgeht, das die Blüte bringt, Jesus Christus selbst, der heute und in der Zukunft die Menschen erfreut und ihnen Licht und Hoffnung schenkt.

Der Himmel ist nun offen

2. Er kommt aus seines Vaters Schoß
und wird ein Kindlein klein;
er liegt dort elend, nackt und bloß
in einem Krippelein,
in einem Krippelein,

3. entäußert sich all seiner Gewalt,
wird niedrig und gering
und nimmt an eines Knechts Gestalt,
der Schöpfer aller Ding,
der Schöpfer aller Ding.

4. Heut schließt er wieder auf die Tür
zum schönen Paradeis;
der Kerub steht nicht mehr dafür.
Gott sei Lob, Ehr und Preis,
Gott sei Lob, Ehr und Preis.

T und M: Nikolaus Herman 1560/1554

Viele unserer Weihnachtslieder sind in der Reformationszeit entstanden, als die Gottesdienste des neuen Glaubens nicht mehr wie bisher in der lateinischen, sondern in der Landessprache gefeiert wurden. Auch der Gesang des lateinischen gregorianischen Chorals wurde vielerorts ersetzt durch den Gebrauch deutscher Kirchenlieder. Wenn auch weiterhin auf lateinische Texte komponiert wurde, wie dies noch über hundert Jahre später etwa Heinrich Schütz und Georg Philipp Telemann taten, so wurde doch das deutsche Kirchenlied und das damit verbundene Singen der gesamten Gottesdienst feiernden Gemeinde immer mehr zur Regel.

Einige der Liedtexte und teilweise auch der Melodien schuf Nikolaus Herman, ein Zeitgenosse Martin Luthers. Er stammte aus dem Erzgebirge, einem Gebiet, in dem die Reformation schon sehr früh Fuß fasste. Er war Lehrer in St. Joachimsthal in Böhmen und hatte auch für die Kirchenmusik am Ort Sorge zu tragen. So veröffentlichte er eine Sammlung von geistlichen Reigenliedern, die vermutlich zur Sonnenwende im Sommer, dem Tag des Täufers Johannes am 24. Juni, Verwendung fanden. Wie so oft wurde einige Jahre später eine der Liedmelodien für ein von ihm selbst gedichtetes Weihnachtslied verwandt – eine damals übliche Praxis.

Gerade bei Weihnachtsliedern ist häufiger ein solches Vorgehen festzustellen. Die bekanntesten Beispiele sind Kompositionen des Leipziger Thomaskantors Johann Sebastian Bach, der zunächst Werke für weltliche Ereignisse schuf und ihnen manchmal später einen geistlichen Text unterlegte. Einige Teile seines Weihnachtsoratoriums gehen auf Glückwunschkantaten zurück, die der Komponist ein Jahr, bevor er 1734/1735 das geistliche Werk schuf, geschrieben hatte.

In der Vergangenheit hatte man keine Skrupel, Melodien bekannter Lieder anderer Komponisten für neue geistliche Texte zu verwenden. Für den Text dieses Liedes hat Nikolaus Herman vermutlich einen Weihnachtshymnus in lateinischer Sprache aus dem 5. Jahrhundert als Vorlage benutzt, der dem Caelius Sedulis zugeschrieben wird und mit den Worten beginnt: „A solis ortus cardine". Herman liefert in seinem Text keine Übersetzung, sondern nimmt Gedanken aus dem Hymnus auf, um sie für das neue Lied zu verwenden.

Wie in dieser Zeit die Predigt für den protestantischen Gottesdienst einen ganz neuen Stellenwert erhielt, so auch die Lieder, die in erster Linie nicht der „Verfeierlichung" der Gottesdienste dienen wollten, sondern Teil der Verkündigung waren. Das bekannte Wort, dass sich die Reformation in die Herzen der Menschen hineingesungen habe, wird an den Liedern Nikolaus Hermans sichtbar. Dies gilt vor allen Dingen für sein

Weihnachtslied „Lobt Gott, ihr Christen alle gleich“, das sich an biblische Texte anlehnt und so den Glauben an die Menschwerdung Gottes festigen will. Von dem ursprünglich achtstrophigen Lied werden heute meistens nur vier oder fünf Strophen gesungen.

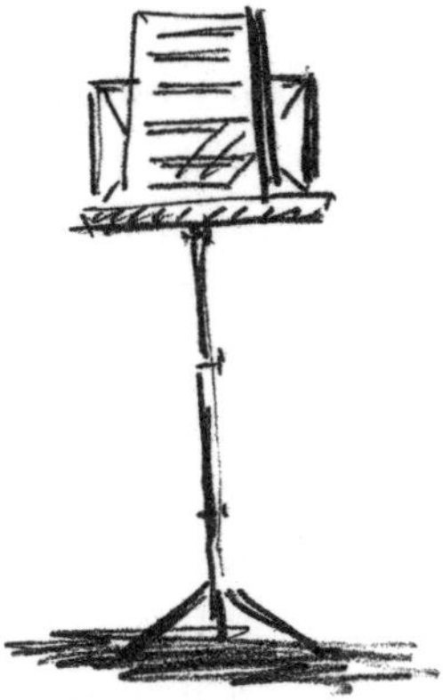

Zu Beginn wird die Christenheit zum Lobpreis Gottes aufgerufen. Alle, die sich zu ihm bekennen, sollen den preisen, der sich voll Erbarmen den Menschen zuwendet. Wie ein verschlossenes Tor den Eingang versperrt und das gesamte Haus verschließt, so war Gottes Güte den Menschen, die gesündigt hatten, nicht mehr sichtbar. Doch jetzt öffnet Gott selbst das Tor. Er wendet sich wieder der Welt zu, um ihr seinen eigenen Sohn zu schenken und sie dem Elend zu entreißen.

Es wird gegenübergestellt, wie aus der Herrlichkeit des ewigen Gottes, „aus seines Vaters Schoß“, der Sohn in die Welt kommt und als kleines Kind in Armut und nackt in einer Krippe liegt. Da ist die Erhabenheit des himmlischen Vaters, in der sein Sohn ruht, „Gott von Gott, Licht vom Licht, wahrer Gott vom wahren Gott", wie die gesamte Christenheit bekennt. Da ist aber auch der, der Fleisch angenommen hat und wie jeder andere Mensch, ganz klein und auf Hilfe und Pflege anderer angewiesen, auf die Erde kommt.

Dieser Gedanke wird noch weiter entfaltet, wenn Nikolaus Herman wie andere vor und nach ihm den Christushymnus aus dem Philipperbrief anklingen lässt. Der ungeheure Abstand von Schöpferherrlichkeit und tiefer Erniedrigung dessen, der „eines Knechts Gestalt" annimmt, wird in diesem Lied der Gemeinde vor Augen gestellt. Es ist das Geheimnis, über das immer wieder neu nachgedacht wurde, wie Gott in der Geburt des Kindes sein eigenes Geschöpf werden konnte. Auf diese Frage kann niemand, mag er noch so gelehrt sein, eine Antwort geben, es sei denn, dass er auf die grenzenlose Liebe Gottes hinweist, vor der jeder nur staunend und anbetend stehen kann.

Noch einmal wird von der verschlossenen Tür des Paradieses gesprochen, die durch die Geburt des Gottessohnes geöffnet wird. In der Urgeschichte des Alten Testaments (vgl. Gen 3,24), einer Bilderzählung, werden die Stammeltern der Menschheit Adam und Eva aus dem Paradies vertrieben, weil sie gesündigt haben. Gott stellt vor das verschlossene Paradies zwei Cherubim, damit sie mit ihren flammenden Schwertern das Tor bewachen und die Menschen das Paradies nicht mehr betreten können. Das Bild sagt aus, dass den Geschöpfen der Zugang zu Gott versperrt ist.

Die Sehnsucht nach dem verlorenen Paradies gibt es in Mythen bei vielen Völkern. Und in jedem Leben ist sie vorhanden, wenn der Einzelne auch nicht immer weiß, dass er auf der Suche nach Gott ist. Jeder möchte sich ein kleines Stück vom Paradies holen und muss doch immer wieder feststellen, wie bedroht es ist, wenn er glaubt, er hätte etwas von dem großen Glück für sich gewonnen. Nicht nur äußere Macht und Besitz geben keine letzte Erfüllung und können verloren gehen, selbst menschliche Bindungen, Freundschaften und Ehen sind vom Scheitern bedroht. Das wird gerade in unseren Tagen deutlich und schreckt viele davor zurück, sich überhaupt an andere zu binden.

Alles in der Welt ist der Endlichkeit unterworfen. Das Paradies, das absolute Glück, bleibt verschlossen. Was kein Mensch vermag, das Tor zum Paradies auch nur spaltbreit zu öffnen, hat der getan, der in der Heiligen Nacht Mensch wurde, die verschlossene Tür aufschloss und sie weit öffnete, damit jeder durch sie eintreten kann. „Der Kerub steht nicht mehr dafür“: Der Himmel ist offen. Menschen können ihn zwar nicht so auf die Erde holen, indem ihnen nun jeder Wunsch erfüllt wird. Auch Leid und Not verschwinden noch nicht aus der Welt. Doch hat der Sohn Gottes durch seine Geburt, sein Leben und sein Sterben am Kreuz jedem den Zugang zum Vater erschlossen und Hoffnung auf Vollendung geschenkt. Mag der Mensch auch hier Not leiden, der Himmel steht offen. Weil diese Zusage durch Christi Geburt allen gegeben wurde, schließt das Lied, wie es begonnen hat, mit dem Lobpreis Gottes.

Gesang der guten Botschaft

2. „Vom Himmel hoch da komm ich her,
ich bring euch gute neue Mär;
der guten Mär bring ich so viel,
davon ich singen und sagen will.

3. Euch ist ein Kindlein heut geborn
von einer Jungfrau auserkorn,
ein Kindelein so zart und fein;
das soll eur Freud und Wonne sein.

4. Es ist der Herr Christ, unser Gott,
der will euch führn aus aller Not;
er will eur Heiland selber sein,
von allen Sünden machen rein.

5. Er bringt euch alle Seligkeit,
die Gott der Vater hat bereit',
dass ihr mit uns im Himmelreich
sollt leben nun und ewiglich.

6. So merket nun das Zeichen recht:
die Krippe, Windelein so schlecht;
da findet ihr das Kind gelegt,
das alle Welt erhält und trägt."

7. Des lasst uns alle fröhlich sein
und mit den Hirten gehn hinein,
zu sehn, was Gott uns hat beschert,
mit seinem lieben Sohn verehrt.

8. Lob, Ehr sei Gott im höchsten Thron,
der uns schenkt seinen eingen Sohn.
Des freuet sich der Engel Schar
und singet uns solch neues Jahr.

T: Martin Luther 1535; Str. 1 Valentin Triller 1555
M: Leipzig 1539

Die weihnachtliche Botschaft wird oft in Krippenspielen dargestellt, die in manchen Gegenden zum Brauchtum der Advents- und Weihnachtszeit gehören. So schrieb der bayerische Volksschriftsteller Ludwig Thoma ein Spiel über die Geburt Jesu, die er, wie das häufig üblich ist, in seine Heimat verlegt. Das ist ebenso bei einem Volksstück in münsterländischer Mundart: „Die hillige Nacht im Mönsterland". Auch im Erzgebirge gibt es in einzelnen Orten den Brauch, der Geburt des Herrn in Krippenspielen zu gedenken, die man in den evangelischen Gotteshäusern vor Weihnachten oder am Fest selbst aufführt. Das hat sich durch die zwölf Jahre Nationalsozialismus und die anschließenden über vierzig Jahre Sozialismus bis in die heutige Zeit hinüber gerettet. Noch älter ist die Krippenfeier, die im Mittelalter der heilige Franz von Assisi in Greccio feierte, wie uns sein Biograph Thomas von Celano berichtet.

Der Reformator Martin Luther hat – wahrscheinlich zum Weihnachtsfest 1535 – für seine Familie ebenfalls ein kleines Weihnachtsspiel geschrieben, das von seinen Kindern am Fest aufgeführt wurde. Eines der Kinder trat als Verkündigungsengel auf, andere als Hirten. Die ganze Familie spielte mit. Das Spiel wurde nicht nur gesprochen, sondern auch gesungen. Als Melodie übernahm Luther ein so genanntes „Kranzsingelied", wie es damals bei besonderen Anlässen im profanen Bereich gesungen wurde. Die heute verbreitete Melodie erschien erst einige Jahre später in einem Leipziger Gesangbuch. Ob Luther sie selbst geschrieben hat, wie manche annehmen, bleibt umstritten.

Das Lied, das sich sehr schnell als Weihnachtslied für Gottesdienste verbreitete, wurde auch in katholischen Gebieten bekannt und gern gesungen. Doch wurde hier dem „Vom Himmel hoch" zwanzig Jahre nach seiner Entstehung eine Einleitungsstrophe von Valentin Triller vorangestellt, um auch einfachen Menschen, die damals in der Schrift nicht so gut bewandert waren, klar zu machen, wer eigentlich die Worte der Verkündigung sprach. Der Text der ersten, vorangestellten Strophe fällt sprachlich gegenüber den folgenden Luther-Strophen ab. In einer ganzen Reihe katholischer Gesangbücher fand das Lied des Reformators Eingang, für die damalige Zeit der Glaubenskämpfe zwischen den Konfessionen recht ungewöhnlich. Die heute allgemein gebräuchliche Melodie eignet sich besonders gut für den Text und regte zahlreiche Komponisten zu Orgelpräludien und anderer Instrumental- und Chormusik an. Immer wieder erklingt diese Melodie mit unterschiedlichen Texten auch in Bachs Weihnachtsoratorium.

Grundlage für den Liedtext bildet die Verkündigung des Engels an die Hirten auf den Feldern vor Betlehem, wie sie das Lukas-Evangelium (Lk 2,10–12) berichtet. Der Bote Gottes, der aus dem himmlischen Bereich kommt, kündet allen Menschen eine gute Nachricht. „Mär" wie es hier heißt, bedeutet nichts anderes als Nachricht. Jedoch ist nicht nur vom Sprechen der Botschaft an alle die Rede, es wird hier ausdrücklich auch das Singen erwähnt. Die Kunde ist so beglückend, dass sie voller Freude gesungen wird. Der Jubel kennt keine Grenzen. Worum es in dieser Botschaft geht, verkündet der Engel: Es ist die Geburt eines Kindes aus einer Jungfrau, das die ganze Welt mit Freude erfüllt, weil dieses Kind das Heil bringt. Der Engel spricht aus, dass das Kind der ist, auf den die Menschen so lange gewartet haben: „der Herr Christ, unser Gott", der Messias und Emanuel – Gott mit uns. Er führt aus der Verlorenheit heraus, denn er ist der Retter, der der Welt das Heil bringt. Die in Schuld

Gefangenen befreit er und tilgt ihre Schuld, damit sie rein und geläutert sind. Weil das Kind zur Welt kam, sind die bis dahin Schuldigen jetzt zur Seligkeit berufen, die Gott allen bereitet hat. Er gibt einem jeden Zukunft, denn nicht nur hier darf sich der Mensch befreit fühlen, das Künftige liegt in der Ewigkeit bei Gott. Wie die Engel bei ihm sind und sein Lob ohne Ende singen, so sind auch die Sünder durch die Geburt des Kindes erwählt, für immer bei ihm zu sein.

Von dem Versprechen, das der Engel den Hirten gibt, kehrt er zur Wirklichkeit des Geschehens, der Geburt des Kindes in Betlehem, zurück. Zeichen für Gottes Heilstat ist nicht etwas Außergewöhnliches, etwa ein Wunder, Zeichen hier ist eine Krippe, in der ein in Windeln gewickeltes Kind liegt. Ein seltsames Zeichen, dass der Retter der Welt in einem Futtertrog liegt. Ein starker Kontrast, der sich in seinem ganzen Leben und vor allen Dingen in seinem Sterben wiederholt. In seiner Geburt wird angedeutet, dass er in ein armes und heimatloses Leben geführt wird und am Ende ein grausamer und schimpflicher Tod am Kreuz steht. Doch gerade dadurch, dass dieses arme und verfolgte Kind zugleich der ist, der die gesamte Welt und aller Leben trägt, wird die Liebe Gottes sichtbar, mit der er sich einem jeden zuwendet.

Auf die Worte des Verkündigungsengels antworten alle, die die Botschaft gehört haben. Die Hirten, denen das Heil zugesagt wurde, sind wir selber, die arm und verlassen waren, nun aber, wie der Engel kündete, reich beschenkt wurden. Wie die Hirten werden auch wir dazu aufgerufen, uns mit ihnen freudig auf den Weg nach Betlehem zu begeben, um das Zeichen zu finden und im Kind zu sehen, „was Gott uns beschert". Gott schenkt über alle Maßen reichlich, nie berechnend, immer mit vollen Händen. Weil er uns in der Menschwerdung seines Sohnes so überreich beschenkt hat, bescheren auch wir uns gegenseitig an diesem Fest. Mag dabei heute vieles profanisiert und kommerzialisiert sein, mag ein großer Teil der Menschen auch in unserem Land überhaupt nicht mehr wissen, warum sie es tun, ahnungsweise steht dahinter doch das Bewusstsein, dem anderen gut sein zu wollen, weil einer uns Menschen so reich beschenkt hat. Von ihm sagt der Prolog des vierten Evangeliums: „Aus seiner Fülle haben wir alle empfangen, Gnade über Gnade" (Joh 1,16).

Auch dieses Lied schließt mit dem Lobpreis des Vaters, der den Menschen seinen eingeborenen Sohn zum Geschenk gemacht hat. Darüber freut sich die Schar der Engel, die nach der Verkündigung an die Hirten das erste Gloria anstimmten: „Verherrlicht ist Gott in der Höhe und auf Erden ist Friede bei den Menschen seiner Gnade" (Lk 2,14). Zusammen mit ihnen sollen alle, die die „gute neue Mär" gehört haben, Gott zur Ehre singen.

Singend gehen sie in das neue Jahr. Wie an jedem Jahresschluss die Wende zu einem neuen Zeitabschnitt begangen wird, so ist in der Geburt Jesu die Wende eingetreten aus einer alten Zeit in ein neues Zeitalter: „annus Domini" – „Jahr des Herrn". Durch die Geburt des Kindes von Betlehem ist eine neue Zeit angebrochen, die alle mit Hoffnung erfüllt, die an den Sohn Gottes glauben. Durch sein Erscheinen auf Erden gibt er Zuversicht auch für die Zukunft, das neue Jahr; denn seit dem Ereignis seiner Menschwerdung sind die Jahre alle Jahre des Heils.

Antwort auf die Liebe des Kindes

2. In seine Lieb versenken
will ich mich ganz hinab;
mein Herz will ich ihm schenken
und alles, was ich hab.
Eja, eja, und alles, was ich hab.

3. O Kindelein, von Herzen
dich will ich lieben sehr
in Freuden und in Schmerzen,
je länger mehr und mehr.
Eja, eja, je länger mehr und mehr.

4. Dich wahren Gott ich finde
in meinem Fleisch und Blut;
darum ich fest mich binde
an dich, mein höchstes Gut.
Eja, eja, an dich, mein höchstes Gut.

→

5. Dazu dein Gnad mir gebe,
bitt ich aus Herzensgrund,
dass dir allein ich lebe
jetzt und zu aller Stund.
Eja, eja, jetzt und zu aller Stund.

T: Friedrich Spee 1637
M: Paris 1599 / geistlich Köln 1638

Wie das von Luther verfasste „Vom Himmel hoch" ein Beispiel für ein evangelisches Weihnachtslied ist, so setzte sich das hundert Jahre später entstandene „Zu Betlehem geboren" des Jesuiten Friedrich Spee von Langenfeld, ein Lied des Barock, sehr schnell im katholischen Raum durch und wurde in katholischen Gemeinden und Familien zu Weihnachten gesungen. Spee, dessen bewegtes Leben ihn an zahlreiche Orte in Deutschland führte, schrieb dieses Lied, wie die meisten anderen auch, in der Zeit des Dreißigjährigen Krieges. Walter Nigg, reformierter Schweizer Pfarrer, Schriftsteller und Hagiograph, führt aus: „Zu einer Zeit, da sich die Gelehrten im katholischen Deutschland immer noch der lateinischen Sprache bedienten, wagte es Spee, in seiner deutschen Muttersprache zu dichten. Deswegen gebührt ihm ein besonderer Platz in der Entwicklung der deutschen Liedkunst" (W. Nigg, Friedrich Spee, ein Jesuit kämpft gegen den Hexenwahn, Paderborn ^{2}1991, S. 32). Und er fährt fort: „Spee steht mit seiner Liedkunst ebenbürtig an der Seite seines Zeitgenossen Paul Gerhardt und wirkte auch nachhaltig auf Angelus Silesius. Es ist religiöse Poesie von tiefem Gehalt, Freude und Innigkeit" (a. a. O., S. 41).

Das wird besonders an diesem Weihnachtslied deutlich. Ganz anders als das flehentliche Adventslied „O Heiland, reiß die Himmel auf", das auf dem Hintergrund des schrecklichen Krieges, des Hungers, der Armut und der Seuchen, aber auch des bedrohlichen Hexenwahns, gegen den der Jesuit ein Leben lang gekämpft hat, geschrieben ist, prägt dieses Weihnachtslied eine tiefe Innigkeit und Andacht, mit der der Beter Spee vor dem Kind in der Krippe kniet. Dabei geht das Lied auch zurück auf einen lateinischen Gesang aus dem 14. Jahrhundert, der ursprünglich bei Prozessionen gesungen wurde und der mit den Worten beginnt: „In Betlehem transeamus". Dieser Cantus diente Spee für seine Dichtung „Zu Betlehem geboren" als Vorlage.

Die Melodie des Liedes, das im „Geistlichen Psalter" 1638 erschien, ist eine Tanzweise aus Paris von 1599. In zahlreiche katholische Gesangbücher wurde es sehr schnell aufgenommen und so zu einem der beliebtesten und in der Weihnachtszeit häufig gesungenen Lieder bis in die heutige Zeit. Obgleich die Melodie ursprünglich dem Tanz diente, harmoniert sie mit der geistlichen Barockdichtung Friedrich Spees. Der Eja-Ruf, der Ausdruck einer tiefen Freude ist und sich schon im lateinischen Prozessionsgesang findet – uns auch von einigen anderen Weihnachtsliedern bekannt – wird melodisch sehr gut aufgenommen. Dieser Ruf, der zugleich ein Anruf ist, gehört hier zum weihnachtlichen Geschehen, wie das Halleluja die gesamte Osterzeit prägt.

Der Text des Liedes ist ein Gebet des Einzelnen vor der Krippe, in der das Kind liegt, dem sich der Beter öffnet. Betlehem, übersetzt mit „Haus des Brotes", was auf Getreideanbau hinweist, ist als Geburtsort Jesu bei heutigen Exegeten nicht unumstritten. Der Neutestamentler Willibald Bösen schreibt, die These, Betlehem sei nur theologischer, nicht aber historischer Geburtsort Jesu, schockiere viele. „Dabei", so fügt er hinzu, „gilt es allerdings klar zu sehen, dass diese Streitfrage theologisch keine Bedeutung hat" (W. Bösen, In Betlehem geboren. Die Kindheitsgeschichte der Evangelien, Freiburg–Basel–Wien 1999, S. 71). Dass der Sohn Gottes auf die Erde kam, ist entscheidend. Betlehem ist überall.

Das Kind, dessen Geburt die Christenheit Jahr für Jahr an Weihnachten feiert, hat das Gemüt des Beters so ergriffen, dass er sich ihm ganz hingeben will. Der Sohn Gottes kann voll über ihn verfügen. Es stellt sich sicher die Frage, ob eine solche Aussage, wenn sie in weihnachtlichen Gottesdiensten gesungen wird, von den meisten innerlich nachvollzogen werden kann, sodass daraus Konsequenzen für das eigene Leben gezogen werden. Vielleicht ist es aber auch ein Wunsch, sich wirklich voll und ganz diesem Kind hinzugeben, obgleich jeder um die eigene Schwäche weiß, die ihn vor dem letzten Schritt, sich vollständig diesem Kind zu schenken, zurückschrecken lässt.

Den Gedanken der Hingabe nehmen auch die folgenden Strophen auf und umschreiben ihn. Die Erkenntnis, dass Gott für mich Mensch geworden ist, wird verinnerlicht und fordert mich zum Handeln auf. Wer vom Geheimnis der Geburt Jesu wirklich durchdrungen ist, versucht, der Liebe Gottes nachzuspüren und durch sein Leben eine Antwort zu geben. Dies haben Menschen zu allen Zeiten getan. Die Kirchenväter in den ersten Jahrhunderten der Kirche sind der Frage der Inkarnation nicht nur theologisch-wissenschaftlich nachgegangen, sie haben ihre Gedanken immer wieder ins Gebet gebracht. Besonders die Mystikerinnen und Mystiker des Mittelalters haben versucht, sich ganz in die Liebe des Kindes von Betlehem hineinzubegeben. Und auch die Zeugnisse von Christinnen und Christen in der jüngsten Vergangenheit, etwa die Briefe, die in der Zeit des Nationalsozialismus von denen geschrieben wurden, die wegen ihres christlichen Glaubens im Gefängnis saßen und aus ihrer Zelle im Advent oder an Weihnachten an ihre Angehörigen und Freunde schrieben, machen deutlich, was für sie der Glaube an das Kind von Betlehem bedeutet.

So schreibt der katholische Pfarrer Alfons Maria Wachsmann, den man wegen Wehrkraftzersetzung verhaftet und am 21. Februar 1944 hingerichtet hat, in einem Brief am 23. Dezember 1943 aus der Haftanstalt Berlin-Tegel an seine Schwester Maria: „Bei mir ist der Rahmen des Festes klar umgrenzt: die Kerkerzelle. So arm wie in diesem Jahr habe ich noch nie an der Krippe gekniet. Mir ist alles abgesprochen: mein Heim, meine Ehre, mein Leben. So will ich an der Krippe dessen knien, der nichts hatte, wohin er sein Haupt legen konnte. … Als Gabe trage ich zur Krippe: Hunger und Kälte, Einsamkeit und Verlassenheit. Mein einziger Schmuck sind die blanken Fesseln" („Du hast mich heimgesucht bei Nacht", a. a. O., S. 77).

In die Zahl dieser vielen Zeugen reiht sich Friedrich Spee mitten in der Zeit des Dreißigjährigen Krieges ein. Obgleich seine Menschenwürde auf vielfache Weise verletzt wurde, verschrieb er sich dem, der durch seine Menschwerdung den Menschen gewürdigt hat.

Was in den ersten Strophen des Liedes bedacht wurde, wird in den folgenden zu einem ausdrücklichen Gebet. Der Beter gibt dem Kind in der Krippe ein Versprechen: Weil das Kind den Menschen liebt, wird der Mensch sich in Freude und im Leid nicht von Gott abwenden. Es ist, als sei dies eine Deutung des Pauluswortes aus dem Römerbrief: „Ich bin gewiss: Weder Tod noch Leben, weder Engel noch Mächte, weder Gegenwärtiges noch Zukünftiges, weder Gewalten der Höhe oder Tiefe noch irgendeine andere Kreatur können uns scheiden von der Liebe Gottes, die in Christus Jesus ist, unserem Herrn" (Röm 8,38 f.).

Die Liebe, die in diesem Lied immer wieder angesprochen wird, soll kein Ende haben. Mehr als ein Strohfeuer, das kurz aufflackert und dann in sich zusammenfällt und erlischt, soll sie von Dauer sein und immer stärker werden. Wenn der Mensch sich wirklich von der Liebe des Gotteskindes hat ergreifen lassen, wird sie sein Innerstes erfassen und ganz in die Tiefe gehen. Wiederum ist es Paulus, der im Hohenlied der Liebe des ersten Korintherbriefes über die Liebe schreibt: „Die Liebe hört niemals auf" (1 Kor 13,8).

Während die dritte Strophe die Menschheit Jesu bekennt, spricht die folgende von seiner Göttlichkeit: „Dich wahren Gott ich finde." Die Geburt Jesu Christi ist der Grund für die feste Bindung an ihn. Mehr als in den gewaltigen Taten Gottes, wie sie das Alte Testament berichtet, besonders das Schöpfungswerk und der Zug des Volkes Israel durch die Wüste zum verheißenen Land, zeugt von seiner Größe die unvorstellbare Tat Gottes, dass sein Sohn Mensch geworden ist.

Der Beter weiß, dass er aus sich selbst Gott das Versprechen der Gegenliebe und Treue nicht geben kann. Er würde elend scheitern, da er seine eigene Schwäche kennt. Deshalb bittet er das Kind in der Krippe um seinen Beistand. Wenn es ihm Kraft schenkt, ist es möglich, dass er immer aus ihm lebt, der sein Heil ist. Die enge Verbundenheit zwischen Gott und Mensch gründet in der Menschwerdung Gottes. Das Vertrauen auf das Kind im Stall von Betlehem kann Menschen zu allen Zeiten immer wieder befähigen, sich dem ganz hinzugeben , der sich zuerst hingegeben hat für die gefallene Welt, um sie zu erlösen. Weil der Vater seinen Sohn geopfert hat, kann jeder, der sich ihm verbunden weiß, in seiner Nachfolge selber immer mehr zurücktreten, um Gott in seinem Sohn zu verherrlichen.

Gebet vor dem Menschgewordenen

2. Da ich noch nicht geboren war,
da bist du mir geboren
und hast mich dir zu Eigen gar,
eh ich dich kannt, erkoren.
Eh ich durch deine Hand gemacht,
da hast du schon bei dir bedacht,
wie du mein wolltest werden.

→

3. Ich lag in tiefster Todesnacht,
du warest meine Sonne,
die Sonne, die mir zugebracht
Licht, Leben, Freud und Wonne.
O Sonne, die das werte Licht
des Glaubens in mir zugericht',
wie schön sind deine Strahlen.

4. Ich sehe dich mit Freuden an
und kann mich nicht satt sehen;
und weil ich nun nichts weiter kann,
bleib ich anbetend stehen.
O dass mein Sinn ein Abgrund wär
und meine Seel ein weites Meer,
dass ich dich möchte fassen.

T: Paul Gerhardt 1653
M: Wittenberg 1529

Etwas später als der Jesuit Friedrich Spee von Langenfeld sein Weihnachtslied „Zu Betlehem geboren“ geschrieben hatte, verfasste der evangelische Pfarrer Paul Gerhardt 1653, einige Jahre nach Beendigung des Dreißigjährigen Krieges, sein Weihnachtslied „Ich steh an deiner Krippe hier“, sicher ein Kleinod der Gesänge aus der Barockzeit. Von Paul Gerhardt finden sich schon sehr früh Lieder auch in katholischen Gesangbüchern. Sein bekanntestes ist das Passionslied „O Haupt voll Blut und Wunden“. Sein Leben lang hat Paul Gerhardt unter den Auseinandersetzungen gelitten, die sich damals im evangelischen Raum abspielten. Während er ein überzeugter Lutheraner war, hing seine Umgebung weitgehend der calvinischen Richtung an, was auch in seinem persönlichen Leben zu erheblichen Spannungen führte, denn in dieser Zeit bestand zwischen den beiden Glaubensbekenntnissen ein fast unüberbrückbarer Gegensatz.

Wie „Zu Betlehem geboren" ein Gebet vor dem Kind Jesus ist, so auch dieses Lied, das vor einer Krippe gebetet wird. Die Krippendarstellungen der Barockzeit beschränkten sich ja nicht nur, wie man annehmen könnte, auf den katholischen Raum, sondern wurden auch im Protestantismus damals heimisch, was sich dann in späterer Zeit wieder änderte. Vor einer solchen Krippe dichtete Paul Gerhardt wahrscheinlich sein Weihnachtslied. Von den ursprünglich 15 Strophen sind, wie bei anderen Liedern, nur wenige – hier vier – übriggeblieben. Zunächst hat Gerhardt für den Text die Melodie des bekannten Lutherchorals „Nun freut euch, liebe Christen gemein" von 1529 genommen, die auch Johann Sebastian Bach in seinem Weihnachtsoratorium einem Choralsatz zugrunde legt. Doch ist noch eine andere Melodie zu diesem Lied bekannt, die Bach komponiert hat und die sich im 1736 herausgegebenen Schemelli-Gesangbuch findet; sie eignet sich besonders für den Sologesang.

Der Text des Liedes ist von einer tiefen Frömmigkeit geprägt, mit der der Dichter vor dem Kind in der Krippe steht – ein Gebet, das über die Zeiten hinweg auch Menschen unserer Tage anspricht. Barocker Schwulst, den Texte von Kirchenliedern dieser Epoche häufig zeigen, findet man hier nicht. Die Grundaussage ist die gleiche wie bei anderen Weihnachtsliedern: Die Geburt Christi ist das Geschenk, das der Vater seinen Geschöpfen gemacht hat. Der Mensch gibt darauf eine Antwort durch sein Leben. Weil Jesus das Heil der Welt ist, gibt der, dem alles geschenkt wurde, ihm die Gabe zurück. Was den Menschen ausmacht, Verstand und Gemüt, sein Inneres, alles gibt er dem Kind in der Krippe als Gegengeschenk.

Noch bevor einer das Licht der Welt erblickt, ist Jesus ganz für ihn da und sieht auf sein Heil. Der Schöpfer, der einen jeden, der alles, was lebt, gemacht hat, denkt daran, wie der Mensch sein Eigentum werden soll. Ein jeder ist in Gottes Hand geschrieben. Der als kleines Kind in der Krippe ruht, hat nicht nur einen jeden persönlich in das irdische Leben gerufen, er hat ihn auch erlöst und wird ihn einmal vollenden. Als der Mensch selber noch nichts davon ahnte, hat Gott schon in unvordenklichen Zeiten an jeden Einzelnen gedacht. Die Liebe Gottes findet keine Grenzen. Das wird am deutlichsten in der Geburt Christi, in der Gott mit ihm die innigste Verbindung eingeht.

Die Todesnacht, an die sich der Beter erinnert, ist alles das, was das wirkliche Leben bedroht oder vernichtet. Damit ist nicht nur der irdische Tod gemeint, sondern in besonderer Weise auch die Nacht der Gottesferne. Gerade der heute Lebende, der Zeuge von Kriegen und Terroranschlägen, von Umweltverseuchung und krankhafter Selbstüberschätzung ist, weiß um die Todesnacht. Letzte Ursache ist die Sünde, die in das eigene Leben eingedrungen ist und die Welt belastet. Doch auch in diese Nacht ist die Sonne Jesus Christus gekommen, um alles zu erwärmen und zu erhellen.

Der Aufgang der Sonne Christus bringt Licht und Leben und dadurch die Freude. Wie nach den dunklen Tagen das helle Licht den Menschen in seinem Innern froh macht, schenkt die Geburt des Gotteskindes tiefe Freude. Wer sich ihm im Glauben nähert, wird die alles belebenden Strahlen erfahren, die ihn aus der Dunkelheit herausreißen und ihm das neue Leben des Glaubens schenken. Wer die Sonne Christi spürt, wird selber das Licht weitergeben und es zu denen tragen, die auf der Schattenseite des Lebens stehen. Wie das Sonnenlicht alles durchdringt, wird Christus alle erleuchten, die sich ihm öffnen, wenn sie auch jetzt noch im Dunkel sind.

Noch einmal erhebt der Beter vor der Krippe seine Stimme. Die Freude über das Kind überwiegt alles, was sonst sein Leben bestimmt oder belastet. Weil er die Quelle entdeckt hat, findet die Freude keine Grenzen mehr. Wie jemand, der lange Zeit Wasser entbehrt hat und dann zur Quelle kommt, um zu trinken, und nicht satt wird, so ist dies für den Beter die Begegnung mit dem Kind in der Krippe. Je länger er das Geheimnis betrachtet, desto tiefer erfährt er die Freude. Er kann nur eins tun, anbetend an der Krippe zu stehen und sich ganz von der Liebe des Kindes ergreifen zu lassen. Letztlich ist niemand in der Lage, das Geschehen in seinem Innern zu erfassen. Auch die Bilder, der menschliche Sinn sei ein Abgrund und die Seele ein Meer, sind nichts anderes als ein staunendes Stammeln vor dem unendlichen Geheimnis. Wer vor der Krippe des Herrn steht und über seine Liebe nachsinnt, muss erkennen, dass er in seiner menschlichen Begrenztheit damit an kein Ende kommt.

Dieser weihnachtliche Gesang ist von tiefer Ergriffenheit und zugleich von großer Freude bestimmt. Der durch Christi Geburt Beschenkte möchte durch sein Tun eine Antwort geben, ein Gegengeschenk machen; doch muss er schließlich erkennen, dass ihm, der alles von Gott hat, nur eins bleibt: die Anbetung des Kindes, in dem „Gottes Güte und Menschenliebe, unseres Retters, erschienen ist“ (vgl. Tit 3,4). Er kann nur in übergroßer Freude bitten: Gib mir eine kindliche Haltung, die mich erkennen lässt, wie du mir als Kind begegnest.

Jubel der Weihnacht

2. O Jesu parvule,
nach dir ist mir so weh.
Tröst mir mein Gemüte,
o puer optime,
durch alle deine Güte,
o princeps gloriae.
Trahe me post te,
trahe me post te.

3. Ubi sunt gaudia?
Nirgends mehr denn da,
wo die Engel singen
nova cantica
und die Zimbeln klingen
in regis curia.
Eja qualia,
eja qualia!

T und M: 14. Jh.

In der Zeit der Mystik im Mittelalter wurden manche Kirchenlieder als so genannte „Mischlieder" zum Teil in lateinischer Sprache, der Sprache der Kirche, gesungen, zum anderen Teil in Deutsch. Der wohl bekannteste Gesang dieser Art ist das Weihnachtslied „In dulci jubilo". Lange Zeit glaubte man, dass der deutsche Mystiker Heinrich Seuse dieses Lied geschaffen habe, doch haben neuere Forschungen ergeben, dass dies nicht der Fall ist. Wie die erste Strophe des Liedes „Gelobet seist du, Jesu Christ" findet sich die älteste Überlieferung dieses Weihnachtsliedes im Kloster der Zisterzienserinnen in Medingen bei Lüneburg um das Jahr 1335. Wie andere Lieder, etwa das bekannte „Es ist ein Ros entsprungen", hat es im Laufe der Zeit zusätzliche Strophen erhalten. Heute werden nur noch die im „Gotteslob" enthaltenen drei Strophen gesungen.

Wahrscheinlich stand ein rein lateinischer Text am Anfang, der dann später mit einem teilweise niederdeutschen gesungen wurde. So konnten auch Nichtkleriker, die der lateinischen Sprache nicht kundig waren, einstimmen. Deshalb ist dieses Weihnachtslied eines der ältesten, vielleicht sogar das älteste überhaupt. Wenn auch das Latein in manchen Formulierungen dem klassischen Latinisten die Haare zu Berge stehen lässt („trahe me post te"), so ist doch die Volkstümlichkeit des Liedes von Wert. Es ist eines der wenigen weihnachtlichen Gesänge aus vorreformatorischer Zeit, die auch nach der Glaubensspaltung in beiden Kirchen gesungen werden. Als es entstand, hatte die deutsche Mystik ihren Höhepunkt. Das Lied ist von der Frömmigkeit dieser Bewegung wesentlich geprägt.

Die Melodie wird ebenfalls im 14. Jahrhundert entstanden sein und kennzeichnet besonders eindringlich die Freude über die Geburt des Herrn und den Jubel, den Engel und Menschen anstimmen, weil Gott Mensch geworden ist. Viele Komponisten späterer Zeit haben über diese Melodie eigene Sätze geschrieben.

Schon in den ersten Zeilen des Liedes wird der Jubel deutlich, mit dem die Christenheit zum Gesang und zur Freude aufgerufen wird. Der Grund dafür ist das Kind in der Krippe. Die Mystiker des ausgehenden Mittelalters preisen in besonderer Weise immer wieder die Armut des Kindes im Stall wie auch die spätere Armut und Verlassenheit des Gottessohnes am Kreuz. Weil er sich so erniedrigt hat, müssen die Gläubigen sein Lob singen. Wenn auch hier im Lied Leiden und Kreuzestod nicht ausdrücklich Erwähnung finden, müssen Krippe und Kreuz immer zusammen gesehen werden.

Für die Bedürftigkeit des Kindes steht die Krippe, für die letzte Armut des Sterbenden das Holz des Kreuzes. In der profanisierten Feier des Weihnachtsfestes heute ist dieser Gedanke weitgehend verloren gegangen. Weil das Kind aber zugleich der Sohn Gottes ist, der auf dem Schoß seiner Mutter ruht, dringt sein Licht in die Welt. Durch seine Armut werden alle reich gemacht.

Dieses Lied bleibt nicht bei der Menschwerdung, beim irdischen Leben Christi stehen; es richtet den Blick schon jetzt auf die Zukunft. Das Kind in der Krippe ist zugleich Anfang und Ende, Alpha und Omega, erster und letzter Buchstabe des griechischen Alphabets, wodurch umschrieben wird, dass er Anfang und Ende in seinen Händen hält und selber der Zeit nicht unterworfen ist. In der Offenbarung des Johannes heißt es: „Ich bin das Alpha und das Omega, spricht Gott, der Herr, der ist und der war und der kommt, der Herrscher über die ganze Schöpfung" (Offb 1,8). Es wird hier ein weiter Bogen gezogen von der Schöpfung über die Menschwerdung Christi bis hin zu seiner Wiederkunft am Ende der Zeit: „Alpha es et O" – „Du bist der Anfang und das Ende."

Der Gedanke, dass die Geburt Christi auf Erden erst der Beginn des Heils ist, das sich einmal vollendet, setzt sich auch in der folgenden Strophe fort: „O Jesu parvule" – „O kleines Kind Jesus, nach dir ist mir so weh", drückt die Sehnsucht des Liebenden aus, der vom Geliebten getrennt ist und darunter leidet. Auch hier wird nicht nur das Kind in der Krippe angesprochen, sondern auch der erhöhte Herr, „der Fürst der

Herrlichkeit", der sein durch die Geburt begonnenes Werk einmal an der ganzen Welt vollenden wird. Im Mittelalter sah man viel stärker die Verbundenheit der Heilsereignisse und ihrer Feiern, die in späterer Zeit immer mehr verloren ging. Auch die liturgischen Gebete und Gesänge am Weihnachtsfest lassen die Verbindung von Geburt, Erlösung und Vollendung deutlich erkennen. Jesus Christus, der zugleich das hilflose Kind wie auch der Herr der Welt ist, soll die Menschen mit seinem Erbarmen durch diese Welt und durch die Zeit geleiten und sie an sich ziehen, gerade jetzt, wo sie äußerlich von ihm getrennt sind. Wer sich nach der Begegnung mit dem Kind sehnt, darf darauf vertrauen, dass er einmal mit ihm vereint ist.

Während die zweite Strophe vor allen Dingen die Sehnsucht des Menschen, der auf dem Weg ist, in den Blick nimmt, spricht die dritte bereits von der künftigen Freude, die ihn im Himmel bei Gott erwartet. Nirgendwo in seinem irdischen Leben erfährt der Mensch eine solche Freude wie in der künftigen Vollendung bei Gott. Andere Weihnachtslieder sprechen von dem Gesang der Engel bei der Geburt Jesu, wie es das Lukas-Evangelium als Abschluss der Verkündigung der Botschaft an die Hirten berichtet (Lk 2,13 f.). Hier jedoch sind es die Engel, die vor Gottes Thron ihre Lieder anstimmen und ihre Instrumente erklingen lassen, wie es in zahlreichen Bildern auch das letzte Buch der Heiligen Schrift, die Offenbarung des Johannes, beschreibt. Wo Worte nicht mehr ausreichen, werden der Gesang und das Spiel der Instrumente Ausdruck größter Freude sein. Wie kein Fest ohne Musik gefeiert werden kann, gehören auch zu den Bildern des ewigen Lebens bei Gott Gesang und Musik. Vor dem König der Herrlichkeit jubilieren die Engel. Diejenigen, die mit einer Sehnsucht zu diesem letzten Ziel unterwegs sind, hoffen darauf, einmal mit einstimmen zu dürfen. Deshalb freuen sie sich schon jetzt über diesen Gesang: „Eja qualia" – „Welche Freuden und Lieder!"

Menschen, die von der Mystik geprägt waren, richteten ihre ganze Sehnsucht auf den Tag aus, an dem sie auf immer mit dem vereint sein würden, der in der Weihnacht als Kind in der Krippe lag. Dieses alte Weihnachtslied, das auch heute immer noch erklingt, ist ein Zeugnis dafür, dass das Fest der Menschwerdung des Herrn nicht nur Erinnerung an seine Geburt auf Erden, sondern Beginn des Festes ist, das kein Ende hat.

Freude und Anbetung

2. O sehet, die Hirten eilen von den Herden
und suchen das Kind nach des Engels Wort;
gehn wir mit ihnen, Friede soll uns werden.

3. Der Abglanz des Vaters, Herr der Herren alle,
ist heute erschienen in unserm Fleisch:
Gott ist geboren als ein Kind im Stalle.

4. Kommt, singet dem Herren,
singt, ihr Engelchöre.
Frohlocket, frohlocket, ihr Seligen.
Himmel und Erde bringen Gott die Ehre.

T: EGB 1971 nach „Adeste fideles" des Abbé Borderies 1790
M: John Reading 17. Jh.

Unter vielerlei Schwierigkeiten war ich mit einer Pilgergruppe von Jerusalem nach Betlehem gekommen. Bis kurz vor der Abfahrt unserer Busse hatte es noch nicht festgestanden, ob wir überhaupt in das palästinensische Gebiet einreisen durften. Unterwegs in Betlehem gerieten wir in einen Steinhagel, bei dem eine Pilgerin getroffen wurde, die sich eine Platzwunde zuzog und ärztlich behandelt wurde. Anstelle der Freude, die sonst mit dem Besuch der Geburtskirche verbunden ist, die die Tradition seit alter Zeit als Stätte der Geburt Jesu verehrt, herrschte unter den Pilgern eine gedrückte Stimmung. Und dann sangen wir noch zu Beginn unserer Eucharistiefeier: „Nun freut euch, ihr Christen, singet Jubellieder und kommet, o kommet nach Betlehem." Manchem unserer Pilger mag es unpassend erschienen sein, dass wir den Gottesdienst mit diesem frohen Lied begonnen haben. Wer jedoch den Text in seiner Gesamtheit liest, wird den Eindruck erhalten, dass trotz vieler Dunkelheiten in der Welt und im eigenen Leben die Freude überwiegt, die aus der Anbetung des Herrn der Welt, der Mensch geworden ist, erwächst.

Auch die Zeit, in der der Liedtext entstand, etwa um 1790, war für viele Christen in Europa eine dunkle Epoche. Der Dichter, der französische Abbé Jean François Borderies, war aus seiner Heimat, wo die Kirche und damit Bischöfe, Priester und Ordensleute verfolgt wurden, in das Exil nach London geflüchtet. Hier wartete er auf bessere Zeiten und auf die Rückkehr in seine Heimat. In London schrieb er das lateinische Gedicht „Adeste fideles", das bald in verschiedene Sprachen übersetzt wurde. Die bekanntesten deutschen Übersetzungen beginnen mit „Herbei, o ihr Gläubigen" und „Auf, gläubige Seelen", die Joseph Mohr verfasste. Da beide Übertragungen sprachliche Mängel aufwiesen, schuf man für das katholische „Gotteslob" 1971 eine neue Übersetzung, die mit den Worten beginnt: „Nun freut euch, ihr Christen."

Während man in der Vergangenheit annahm, die Melodie sei die eines portugiesischen Matrosenliedes, wie die Melodie des bekannten „O du fröhliche" eine sizilianische Volksweise ist, schreibt man sie heute dem englischen Komponisten John Reading zu, der im 17. Jahrhundert in London lebte. Auch hier bildet der spätere Text mit der älteren Melodie eine Einheit, mit der das Weihnachtsmysterium besungen wird.

Der Text beginnt mit einem Aufruf an alle Christen, sich zum Geburtsort Jesu auf den Weg zu machen. Hierbei geht es wohl um einen inneren Vorgang, denn alle Glaubenden sind eingeladen, die Geburt Jesu, der in Betlehem Mensch wurde, zu feiern. Von der Herrlichkeit des Vaters ist er zu den Verlorenen gekommen, um die Erlösung zu bringen.

Jede Aussage über den Neugeborenen wird mit einem Refrain beschlossen, der ein Aufruf zur Anbetung des Königs ist, der auf die Erde kam. Die Menschen, denen Christus geboren wurde, können nur eins tun: sich auf den Weg zu machen, um ihn anzubeten. Während die Krippenlieder von Friedrich Spee und Paul Gerhardt den einzelnen Menschen zur Anbetung bewegen wollen, wird in diesem Gesang die gesamte Christenheit aufgerufen, das Kind von Betlehem anzubeten. Dies findet einen besonders intensiven Ausdruck, wenn Vorsänger oder Chor den ersten Teil der Strophen singen und die anderen Sänger in den Refrain einstimmen: „Kommt, lasset uns anbeten."

Die Ersten, die das Kind im Stall aufsuchten, waren die Hirten, denen der Engel auf den Feldern die Botschaft gebracht hatte, dass ein Kind geboren sei, das die Welt rette. Sie lassen die Herden, die für sie den gesamten Lebensunterhalt bedeuten, im Stich, um sich auf die Suche zu machen nach dem Kind, „das, in Windeln gewickelt, in einer Krippe liegt" (Lk 2,12). So wie sie sich auf die Suche machen, sollen sich auch heute die Menschen auf den Weg begeben. Wer sich auf die Suche nach Gott macht, wird ihm begegnen.

In einer Predigt an Weihnachten 1977 im Liebfrauendom in München sagte Kardinal Joseph Ratzinger: „Gott ist nicht irgendein fernes höchstes Wesen, an das man nie herankommt. Er ist ganz nah, in Rufweite, immer zu erreichen. Er hat Zeit für mich, so viel Zeit, dass er als Mensch in der Krippe lag und auf ewig Mensch geblieben ist" (J. Ratzinger, a. a. O., S. 45). Wer das Kind findet, dem wird der Friede geschenkt, von dem die Schar der Engel gesungen hat (vgl. Lk 2,14). Er, dem schon der Prophet Jesaja neben anderen Namen den Namen „Fürst des Friedens" (Jes 9,5) gegeben hat, wird ihn allen schenken, die zu ihm kommen.

In der dritten Strophe wird der Sohn Gottes als „Abglanz des Vaters" und „Herr der Herren alle" bezeichnet, so spricht von ihm die Lesung aus dem Hebräerbrief in der dritten Weihnachtsmesse: „Er ist der Abglanz seiner Herrlichkeit und das Abbild seines Wesens; er trägt das All durch sein machtvolles Wort, hat die Reinigung von den Sünden bewirkt und sich dann zur Rechten der Majestät in der Höhe gesetzt"

(Hebr 1,3). Dieser Unendliche hat Fleisch angenommen und ist ein Mensch geworden. Wie viele Lieder, die zu Weihnachten gesungen werden, kreist auch dieser Gesang um das Geheimnis, dass Gott sich in seinem Sohn so gering gemacht hat, dass er denen, die er erlösen wollte, gleich wurde. Er ist in die tiefe Armut eines Stalles gekommen, um Mensch unter Menschen zu sein. Wir können nur eins tun: niederfallen und anbeten.

Noch einmal werden die Engel angesprochen, diesem Herrn zu singen. Hier wird deutlich, was der Volksmund sagt, dass, wovon das Herz voll sei, der Mund überfließe. Worte allein aber können nicht beschreiben, was die Geburt Christi bedeutet: Es muss immer wieder davon gesungen werden. Die Weihnachtsbotschaft, von der Kunstwerke aller Zeitepochen künden, wird in besonderer Weise durch Musik und vorab durch den Gesang zu allen gebracht, die sich davon berühren lassen. Die Engel, die auf den Hirtenfeldern das erste Gloria angestimmt haben, werden aufgerufen, ihr Loblied zu singen. Doch nicht sie allein, sondern auch die Erde, die gesamte Schöpfung soll mit einstimmen und dadurch den Herrn ehren. So fallen alle in den nicht endenden Lobgesang im Himmel und auf der Erde ein: „Kommt, lasset uns anbeten!" Alles Laute, Aufdringliche und Vordergründige, das gerade in unseren Tagen das Weihnachtsfest überwuchert, sodass viele den eigentlichen Gehalt nicht mehr zu erkennen vermögen, wird überwunden durch die tiefe und innere Freude, die ihren schönsten Ausdruck findet in der Anbetung dessen, der als der unendliche Gott ein kleines Kind geworden ist. Darum können auch wir immer und immer wieder singen: „Kommt, lasset uns anbeten!"

Oft geschmäht – weltweit verbreitet

2. Stille Nacht! Heilige Nacht!
Gottes Sohn, o wie lacht
Lieb aus deinem göttlichen Mund,
da uns schlägt die rettende Stund,
Jesus, in deiner Geburt!
Jesus, in deiner Geburt!

→

3. Stille Nacht! Heilige Nacht!
Hirten erst kundgemacht;
durch der Engel Halleluja
tönt es laut bei ferne und nah:
Jesus der Retter ist da!
Jesus der Retter ist da!

T: Josef Mohr 1818 (Urfassung)
M: Franz Xaver Gruber 1818

Es gibt kein anderes Weihnachtslied, das so umstritten ist und über das die Meinungen, ob man es in unserer Zeit noch singen könne, so weit auseinandergehen wie „Stille Nacht". Viele können sich kein Weihnachtsfest ohne dieses Lied vorstellen, andere dagegen sprechen davon, dass Text und Melodie rührselig, wenn nicht sogar kitschig seien und es eher der Verflachung der weihnachtlichen Botschaft Vorschub leiste, anstatt zum eigentlichen Kern dessen vorzustoßen, was wir Jahr für Jahr am Geburtsfest Christi feiern. Strenge Liturgen lassen es höchstens bei der häuslichen Feier im Familienkreis gelten, aber auf keinen Fall möchten sie es bei Gottesdiensten singen lassen. Während dieses Lied vor der Liturgiereform manchmal theatralisch im Gottesdienstes eingesetzt wurde, indem man nach dem – damals leise gesprochenen – Einsetzungsbericht während der Weihnachtsmesse in der Nacht die elektrische Beleuchtung in der Kirche löschte und die Gemeinde oder ein Chor „Stille Nacht" sang, hat man es in späterer Zeit in vielen Gemeinden für den Gottesdienst ganz gestrichen. Dieses wiederum löste Proteste eines Teils der Kirchenbesucher aus. Auseinandersetzungen, wie sie sich sonst um Beibehaltung, Abschaffung und Änderung der Fronleichnamsprozession abspielten, gab es zu Weihnachten um das Lied „Stille Nacht". In manchen Gemeinden hat man sich damit beholfen, einen neuen zeitgemäßen und theologisch tieferen Text von einem Zettel nach der alten Melodie zu singen. Doch in den meisten Fällen setzte sich die neue Fassung nicht durch. Heute wird das in der christlichen Welt am meisten gesungene Weihnachtslied in zahlreichen Gotteshäusern am Ende der Christmette gesungen.

Die Entstehungsgeschichte dieses Liedes hört sich wie eine Weihnachtserzählung an: In der Landgemeinde Oberndorf in der Nähe von Salzburg war Joseph Mohr als Kaplan tätig. Kurz vor dem Weihnachtsfest 1818 versagte die alte Kirchenorgel und konnte bis zum Fest nicht mehr repariert werden. Für die Christmette hatte Mohr ein Gedicht geschrieben, um dessen Vertonung er den befreundeten Lehrer des Ortes Franz Gruber bat. Dieser unterlegte den Text von „Stille Nacht" mit einer Melodie. Bei der Christmette in der Kirche von Oberndorf wurde dieses Lied zum ersten Mal von Gruber und Mohr und einigen Schülern unter der Begleitung einer Gitarre gesungen. Es verbreitete sich sehr schnell, zunächst im Salzburger Land und im Tiroler Raum, dann auch innerhalb weniger Jahrzehnte im gesamten deutschen Sprachraum.

Wie schon sehr früh evangelische Lieder in katholische Gesangbücher aufgenommen wurden, so gelangte „Stille Nacht“ unter dem Einfluss des preußischen Königs Friedrich Wilhelm IV. in evangelische Gesangbücher. Schon bald wurde der Text in andere Sprachen übersetzt und das Lied wird heute überall auf der Welt, wo Weihnachten gefeiert wird, gesungen.

Von den sechs ursprünglichen Strophen, die Mohr gedichtet hatte, sind drei geblieben. Viele Weihnachtslieder wurden im Laufe der Zeit ja immer wieder um einige Strophen gekürzt. Nach einigen Bedenken hat man das bekannteste Weihnachtslied auch in das „Gotteslob“ aufgenommen und den Text in seiner ursprünglichen Form, wie Mohr ihn geschrieben hatte, wiedergegeben.

Alle Strophen beginnen mit dem Ausruf: „Stille Nacht! Heilige Nacht!“ Das tiefe Schweigen der Nacht, von der die Weisheitsliteratur des Alten Testaments spricht, wird durch die Geburt Christi geheiligt. Im Leben des Erlösers werden immer wieder Nächte erwähnt: die Nacht auf dem Berg der Verklärung, die Nacht des Ölbergs, die Finsternis, die beim Sterben Jesu am Kreuz einbricht und den Tag zur Nacht macht, und schließlich die Nacht der Grabesruhe, die in den Ostermorgen der Auferstehung des Herrn übergeht. Lassen sich deshalb die Nächte in unserem eigenen Leben, die oft so schwer sind, nicht doch leichter ertragen? Es ist eine Hoffnung da, weil der Sohn Gottes die Nächte selber erlebt, ertragen und durchlitten hat. Auch die Nacht, in der er sein irdisches Leben begonnen hat, ist so für alle eine heilige Nacht geworden.

Die erste Strophe des Liedes ist es besonders, die die Kritiker auf den Plan ruft. Man kann die Worte von dem „trauten, heiligen Paar“ und dem „holden Knab im lockigen Haar“, der „in himmlischer Ruh“ schlafen soll, nur aus dem Geist der Romantik der damaligen Zeit verstehen. Sicher ist die Aussagekraft der alten Weihnachtsgesänge aus dem 16. und 17. Jahrhundert wesentlich tiefer. Auch den Menschen unserer Zeit sprechen oft die älteren Texte eher an als die idyllische Szene aus der Mohr'schen Dichtung. Vielleicht kann man die Strophe vergleichen mit Krippendarstellungen aus derselben Zeit, wie wir sie heute noch in großer Zahl in Kirchen und vor allem in Familien finden. Sie sind oft keine Kunstwerke, jedoch Ausdruck eines schlichten Glaubens, mit dem Menschen sich zum Kind in der Krippe bekennen.

Die zweite Strophe spricht von der Liebe, aus der Gott Mensch geworden ist, aus der er – so dürfen wir hinzufügen – auch für die Welt gelitten hat und gestorben ist. In seinem Sohn hat der Vater der Menschheit wieder sein Antlitz zugewandt. Wenn er uns ansieht, dürfen wir uns freuen, denn die Nacht der Verlorenheit ist beendet. In Gottes Erbarmen ist der „kairos", die Zeit der Rettung, für alle angebrochen. Wie der Schlag einer Uhr den Anbruch einer neuen Stunde ankündigt, ist in Jesu Geburt das Ereignis gekommen, auf das alle gewartet haben.

Während die beiden ersten Strophen von der Geburt Jesu sprechen und seine Menschwerdung preisen, spricht die letzte von der Verkündigung an die Hirten, denen als Ersten die Botschaft von der Ankunft des Messias durch den Engel gebracht wurde. Anstelle des Glorias der Engelschar erwähnt der Schreiber hier das Halleluja, wohl weniger deshalb, weil sich der weihnachtliche Jubel in österlicher Freude vollendet, sondern eher der dichterischen Freiheit wegen, mit der das Loblied der Engel umschrieben wird. Die Botschaft vom Frieden dringt in die Welt zu „den Fernen und den Nahen" (vgl. Eph 2,17). Das muss man nicht nur räumlich verstehen. Die Verkündigung wendet sich an die Frommen, die in der Tradition leben, aber auch an alle, die zunächst überhaupt keinen Zugang zum religiösen Leben haben. Gerade heute gibt es viele, die nie einen inneren Bezug zur christlichen Botschaft hatten oder die sich ihr im Laufe des Lebens entfremdet haben. Für alle ist Jesus als Retter gekommen. Diese beglückende Kunde des Liedes gilt für alle Zeiten: Der Sohn Gottes rettet aus jedem Unheil.

Es ist wichtig, sich nicht nur von der gemütvollen Stimmung einfangen zu lassen, wozu Text und Melodie gerade dieses Liedes verleiten können. Es gilt, die Kernaussage zu bedenken, die dieses am weitesten verbreitete Weihnachtslied verdeutlicht: Unsere Rettung geschieht allein durch den, der Mensch geworden ist.